Tante Sophie – Eine Ostfriesin erzählt

Helge Bredemeyer

Tante Sophie

Eine Ostfriesin erzählt

Schröderscher Buchverlag
Verlag für Regionalkultur
Diepholz 2004

Die Deutsche Bibliothek – CIP-Einheitsaufnahme

Hansen, Sophie:
Tante Sophie : Eine Ostfriesin erzählt / [Sophie Hansen].
Helge Bredemeyer. – 4. Aufl. – Diepholz : Schröder, 2004
ISBN 3-89728-029-9

Mit folgenden Ausnahmen stammen die Bilder
aus dem Privatalbum von Sophie Hansen:
Titelbild, S. 10, 116-118, 120: Helge Bredemeyer
S. 25: Johannes Meyer-Deepen

Umschlagbilder:
Das Titelbild zeigt Tante Sophie mit
einem Bild aus ihrer Jugendzeit von 1936
Aquarell: Sophie Hansen

Lektorat:
Hasso Apitz, Diepholz

Gestaltung und Satz:
Martin Barth und Bettina Micka, Berlin & Diepholz

Druck und Bindung:
Druckhaus Breyer GmbH, Diepholz

4. Auflage

ISBN 3-89728-029-9

Inhaltsverzeichnis

Vorwort 9

Tante Sophie erzählt **13**

Wie alles anfing 13
Gemischte Erinnerungen an meine Schulzeit 14
Meine Mutter, die vorbildliche Schülerin 19
Nie wieder Spiekeroog! 23
Erinnerungen an die Konfirmation und das Leben in der Familie 24
Von Lebertran und anderen Sachen 29
Meine Erlebnisse mit Sommergästen 33
Von ganz besonderen Weihnachtsbescherungen 35
Unsere Mutter und das liebe Geld 37
Adolfs Zeiten 38
Dies und das nach der Schulzeit 39
Sturm über der Nordsee 1936 42
Fooke Habbens letzte Fahrt 43
Noch mehr nordische Rasse, und wie ich zum Film kam 47
Als Maid beim Arbeitsdienst 49
SOS in Watt und Eis 51
»Disse Wiehnachten vör 60 Johr vergett woll nümst van uns« 52
Der Krieg bricht aus 55

Singen und Beten sind verboten 56
Der Munitionsfabrik entkommen 56
Twee Wichter (Zwei Mädchen) 58
Bald um Kopf und Kragen geredet 60
Dem Führer Kinder geschenkt 61
Bei Nacht und Nebel nach Hause 63
Magere Jahre in Hamburg 65
Wie mein Blinddarm das Sturmgeläut der Glocken verhinderte 66
Auf nach Spiekeroog! 68
Die Arbeit in Quellerdünen beginnt 69
Dies und das aus dem Alltag in Quellerdünen 75
Besuch der Lietzer Abiturientenkühe 76
Aus Kindermund und Freizeiterinnerungen 78
Durch Eigenleistung dem OP-Tisch entkommen 81
Das Badeunglück in der Nordsee 84
Spaß mit der Kilometerstein Philo-Sophie 88
Kilometerstein Philo-Sophie 88
Hagia Sophia (1959) 91
Von Quellerdünen ins Ludwig-Kayser-Heim 92
Veränderungen bahnen sich an 95
Tante Sophie stellt Bedingungen 97
Pastor Heinz Drehers fromme Reime 100
Ein nächtlicher Blick auf die Hochzeiter 104
Ein neues Haus entsteht 105
Es treibt uns in die Ferne 107
Onkel Martins Trauungen im Wohnzimmer 109

Abschied von Onkel Martin 110
Begegnungen mit Johannes Rau und anderen Prominenten 114
Die Gastfreundschaft ist noch nicht zu Ende 121

Vorwort

»Grüß Tante Sophie!« So heißt es oft, wenn ich nach Spiekeroog fahre. Und auf Spiekeroog selbst rufen es mir Besucher und Insulaner zu, wenn sie wissen, daß ich gerade mal wieder bei ihr wohne. Spiekeroog hat was, weil es dort Tante Sophie gibt. Sie und die Insel sind in den Gedanken vieler Leute eins.

Auf Spiekeroog ist Tante Sophie eine Institution. Für die Insulaner allemal. Für viele Kinder, junge Menschen und für viele gestandene Erwachsene ist sie Hausmutter, Köchin, Tante und Vertraute in eins.

In ihrer großen Verwandtschaft nimmt sie einen ganz besonderen Stellenwert ein. Fast keine Familienfeier, zu der Tant' Sophie nicht von der Insel anreist und ihren festen Platz in der Runde einnimmt. Dann ist es so, als ob sie nie Insulanerin geworden wäre.

Fast 80 Jahre ist sie heute alt, und wenn sie dann anfängt, sich an früher zu erinnern, dann bedrängen sie ihre Nichten und Neffen, mehr und mehr zu erzählen. Wie das denn war, als sie als junge Frau im dritten Reich vor der Kamera stand. Wie ihr Vater sie mit auf See nahm und wie es überhaupt zu Hause im Hafen von Neuharlingersiel in der Fischersfamilie zuging. Auch in Spiekeroog hören viele gerne zu. Nicht, daß sie ewig von gestern spricht, denn heute passiert auch noch so viel, über das man reden und sich Gedanken machen kann. Fährt Tante Sophie ins Dorf, kommt sie nie voran. »Ich brauch einen halben Tag durch's Dorf, wenn ich was besorgen will.« Ob am Ausgang der Kirche, beim Bäcker oder beim Mittwochstee in ihrer Küche, es gibt immer etwas mitzuteilen. Aber gerade beim gemütlichen Klönschnack gehen die Gedanken oft rückwärts. Als ob mit dem Löffel in der Teetasse auch in der Vergangenheit gerührt würde. »Weißt du, so war das ja früher...«

Tante Sophie unterwegs

Blick auf den Hafen in Neuharlingersiel und auf Tante Sophies Elternhaus

So war es schließlich kein Wunder mehr, daß viele sagten: »Tant' Sophie, schreib doch mal alles auf.« Alles erzählen wollte Tante Sophie schon, aber das Aufschreiben sollte jemand anderes übernehmen. Sie hatte dafür so ihre Gründe. So sind dann über ein Jahr lang die Aufzeichnungen entstanden. Ich habe nicht über Tante Sophie geschrieben, sondern für sie. Dabei habe ich, so gut ich nur konnte, darauf geachtet, ihre ureigene Sprache wortgetreu wiederzugeben. Schlicht und doch aussagekräftig. Beim Schreiben saß ich ihr in Spiekeroog ganz nahe, um immer wieder nachfragen zu können, Brücken im Gedankenfluß zu bauen und die Lebensgeschichten chronologisch zu ordnen.

Ich wünschte, es gelänge beim Lesen, ihre Geschichte nach- oder sogar mitzuerleben und vor sich das Treiben im Hafen, die Weite des Meeres und die Urigkeit der Insel Spiekeroog zu sehen. Manchmal kann auch zwischen den Zeilen gelesen werden. Ganz besonders, wenn es um Tante Sophies Zeit in den kirchlichen Heimen geht. Daß Tante Sophie ihr Christsein ernst nimmt, ist bestimmt immer zu spüren, und darauf legt sie auch großen Wert.

Die Familien Jacobs und Rodenbäck 1957

Tante Sophie erzählt

Wie alles anfing

Mein Vater stammt aus einer alten Neuharlingersieler Fischerfamilie. Wilhelm Jacobs wurde am 15. Mai 1876 an der Ostseite des Hafens geboren. Das Haus gibt es heute nicht mehr. Eine neue Häuserzeile entstand. Gegenüber, im Westen des Hafens, steht heute noch das Geburtshaus meiner Mutter. Hanna Amalie Hallen wurde in diesem Haus am 9. Mai 1887 geboren. Ihr Vater war Fischer und Tonnenleger. Ihm gehörte damals das größte Schiff im Hafen. Die Eltern heirateten am 7. April 1907. Als erste von uns drei Schwestern kam Debora am 20. Mai 1908 zur Welt.

Theda folgte zwei Jahre später am 26. August 1910. Dann kam endlich der langersehnte Sohn des Hauses. Hermanus Geburtstag war der 15. Juni 1914. Die Namensgebung war ganz einfach. Der Sohn bekam den Namen von Vaters Vater, die älteste Tochter den von Vaters Mutter und Theda den von Mutters Mutter. Dann kam ich als letzte am 16. Juni 1920. Alle dachten, es würde ein Junge, dann wäre ja alles klar, und ich hätte Siebelt Frek geheißen. Als es dann so anders kam, sollte Mutters Vater den Namen bestimmen. Mein Opa schlug Sophie-Friederike vor. Ich finde ihn gut. Zur Taufe mußten immer alle in unser Kirchdorf nach

Werdum. Neuharlingersiel hat bis heute keine eigene Kirche und keinen eigenen Friedhof, allerdings gibt es seit 1984 eine Kirche am Hafen. Wenn die Familie damals zur Taufe fuhr, bestiegen alle einen großen Planwagen mit Pferden davor. Den mußten meine Eltern dafür in Esens mieten.

Gemischte Erinnerungen an meine Schulzeit

Zweimal in der Woche mußten wir damals zum Konfirmandenunterricht. Am Montag und Donnerstag von 10 bis 12 Uhr. Wir fuhren mit dem Rad nach Werdum in unser Kirchdorf. Unsere Eltern mußten den Weg dorthin noch zu Fuß gehen. Sonntags gingen wir gemeinsam über die Wiesen auf unserem Kirchpfad nach Werdum. Wären wir über die Straße gegangen, hätten wir acht Kilometer zu bewältigen gehabt. Mein Onkel Eilt war der erste der Neuharlingersieler, der um 1900 ein Fahrrad bekam. Das erzählten sie mir später. Als er das erste Mal damit zur Kirche fuhr, über Altharlingersiel sogar noch einen

Der Vater Wilhelm Jacobs

Die Familie 1925 vor unserem Haus am Hafen

Umweg machte und trotzdem so viel früher als die anderen vor der Kirche ankam, sagte er: »Ich bin schon längst da. Entfernungen spielen mit dem Fahrrad gar keine Rolle mehr!«

Zu meiner Kinderzeit hatten die allermeisten schon längst ein Fahrrad. Das war doch schon ein großer Fortschritt. Das Schönste auf dem ganzen Weg war immer der Halt am Gasthaus Janssen, das später zu einem Kurzentrum wurde. Zu unserem Butterbrot kauften wir uns für 10 Pfennig einen Becher Tee. Den Unterricht fanden wir nicht so interessant. Pastor Stockstrom war schon alt, 70 Jahre. Er ließ uns ganz viel auswendig lernen. Das fiel mir zum Glück leicht, und heute ist das im nachhinein nur gut zu finden, denn beim Seniorenkaffee auf Spiekeroog »braucht diese Gesellschaft«, so Pastor Breithaupt, »kein Gesangbuch.« Und wenn ich mal nicht schlafen kann, fange ich an, Gesänge und Psalmen aufzusagen.

An meine Schulzeit erinnere ich mich nicht so gerne. Noch dazu, weil meine Geschwister alle so gut in der Schule waren, besonders Debora. Zu meiner Entschuldigung muß ich sagen, daß ich unseren Lehrer, er war so um die 40 Jahre alt, den ich die ganze Schulzeit hatte, nicht so gerne mochte. Ich wurde oft gerügt und bekam Strafen. Dann mußte ich eine Hand mit der Innenfläche nach oben in die Luft strecken, und er schlug mit dem Rohrstock darauf. Manchmal zog ich die Hand schnell weg. Eine gemeine Strafe war auch der Schlag in den Nacken. Oft genug hatte ich gar nicht geschwatzt.

»So dann nicht, aber dafür warst du frech, geh' vor die Tür!« Er zog die Kinder vor, mit deren Vätern er Karten spielte. Das war eine ganz gemeine Ungerechtigkeit. Und weil ich Ungerechtigkeiten überhaupt nicht leiden konnte, muckte ich öfter auf. Das konnte der Lehrer nicht leiden. Montags guckte er sich immer ganz genau die frisch gewaschenen Schiefertafellappen an. In unserer Schule waren so ungefähr 80 Kinder zwischen 6 und 14 Jahren. Sie wurden jeweils von Klasse 1 bis 4 gemeinsam in einem Raum unterrichtet und von Klasse 5 bis 7 in einem anderen. Jeder Schulmorgen begann mit einer halben Schulstunde Singen und Beten. Meine Freundinnen waren Katrin und Ilse. Ilse gehörte zu den bevorzugten Kindern. Trotzdem war sie meine Freundin. In den Pausen durften wir nach Hause zum Teetrinken gehen. Weil Ilse einen Kilometer weit weg wohnte, ging sie immer mit zu mir. Dafür bekam ich von ihrer Mutter, die sehr gut Klavier spielte, Klavierunterricht. Das war ja nett gedacht, aber die kleine, wilde Sophie mochte doch viel lieber toben. Ich fand eine gute Entschuldigung dafür, daß es nicht so gut klappte, denn unser Harmonium war doch so ganz anders. Also war die Geschichte nicht von langer Dauer. Sehr viel später entstand ein Gedicht über die Schulzeit:

Meine Freundin Katrin und ich,
gern' zur Schule gingen wir nicht.
War endlich dann die Schule aus,
zogen wir Rangen froh nach Haus.
Die Ranzen flogen in die Eck',
Katrin und Sophie waren weg.
Sie spielten aller Sorge fern
am liebsten in dem Rummel-Hörn.
Die Mütter hatten ihre Not,
aus Gubel (Schlick) backten wir uns Brot.
Aus Steinen machten wir Kakao
und sahen aus wie eine Sau.

Im Kreis meiner Freunde mit Korbi (Sophie 4.v.l.)

Wenn dann bei Onkel Fritz und Tante Mien,
manchmal der Klapperstorch erschien,
quartierte man die Kinder um.
Für uns war das ein Gaudium.

Das hatte folgenden Grund: Meistens schliefen alle in einer Stube, und wenn dann ein Kind geboren wurde, sollten das die anderen Kinder nicht miterleben. Also kam Katrin zu diesen Zeiten zu mir, und wir hatten tüchtig Spaß miteinander. Nachbarschaft war ganz wichtig, wir mußten ja auch zusammenhalten. Trotzdem hatte meine Mutter so ihre Prinzipien: »Sei nett zu deinen Nachbarn, aber laß' den Zaun dazwischen.«

Meine Mutter, die vorbildliche Schülerin

Meine Mutter war eine ganz vorbildliche Schülerin gewesen. Schon mit fünf Jahren wollte sie so gerne mit in die Schule gehen. Sie faßte sich, so klein sie auch noch war, ein Herz und erschien mit den Erstkläßlern in der Schule. Sie fragte den Lehrer Popken (Großvater vom ehemaligen Spiekerooger Lehrer Meppe Popken), ob sie nicht dableiben dürfte. »Ja, dann mußt du aber da vorne bei den Jungens sitzen.« Mit Freude hat sie das getan. Da alle Kinder in einer großen Klasse zusammengefaßt waren, horchte sie immer auf, wenn sie mit ihren Aufgaben fertig war, was denn der Lehrer den Großen erzählte. Sie war besonders gut in

Meine Mutter mit Bruder Hermanus

Nr. 11.

Wie die Mutter den Staub bekämpft.

Der große Feind der Mutter, der Staub, der ihr so viele Mühe macht, ist ein schlimmer Geselle, der in alle, auch so fest verschlossene Gegenstände eindringt. Er entsteht durch die Abnutzung des Fußbodens, des Anzuges und kommt auch von draußen in das Zimmer herein. Die Mutter hat gerade die Möbel abgewischt, da, wie sie in die Stube tritt, sieht sie, wie dieser Flegel sich schon wieder auf alles niedergelegt hat, was in der Stube ist. „Ach," sagt sie, „schon wieder

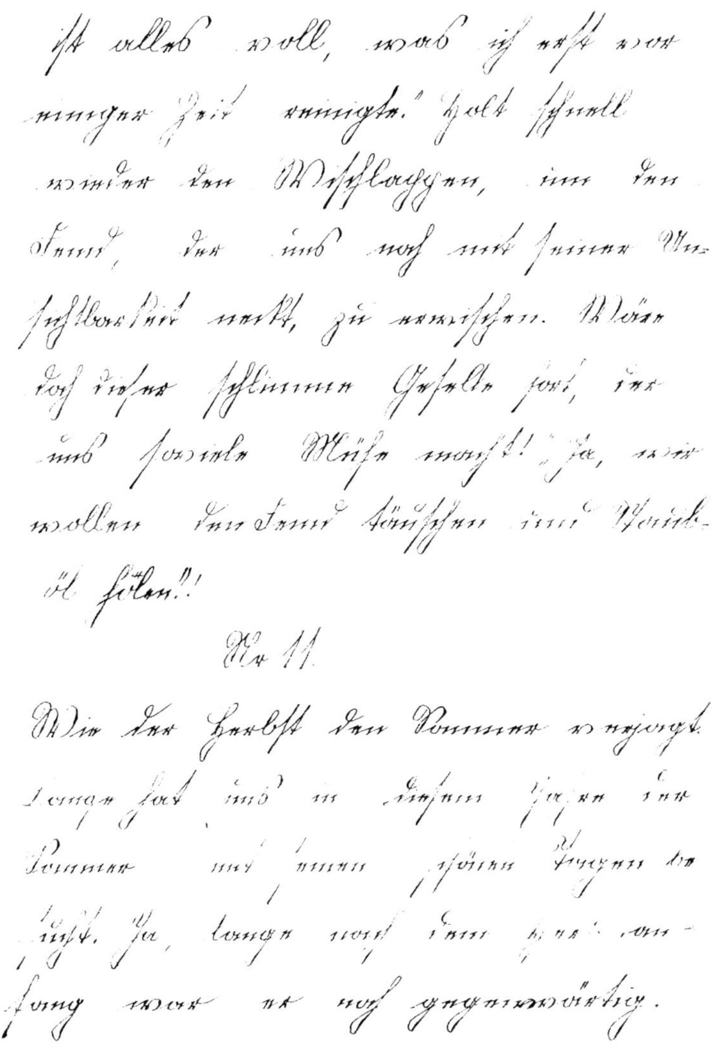
ist alles voll, was ich erst vor
einiger Zeit reinigte." Holt schnell
wieder den Wischlappen, um den
Staub, der uns noch mit seiner Un-
sichtbarkeit neckt, zu verwischen. Wäre
doch dieser schlimme Geselle fort, der
uns soviele Mühe macht!" Ja, wir
wollen den Staub täuschen und Staub-
öl holen!"!

Nr 11.

Wie der Herbst den Sommer verjagt.
Lange hat uns in diesem Jahre der
Sommer mit seinen schönen Tagen er-
freut. Ja, lange nach dem Herbstan-
fang war er noch gegenwärtig.

Schulaufsatz meiner Schwester Debora über unsere Mutter vom 29.10.1921

Geschichte, was wohl ihre Enkeltochter Hanna von ihr geerbt hat. Wenn die Großen dann mal etwas nicht wußten, sagte Popken, daß das wohl die kleine Hanna wüßte. Und so war das oftmals auch. Mutter kam schon mit 13 Jahren aus der Schule und hatte sehr gute Zeugnisse vorzuweisen.

Als Hanna 15 Jahre alt war, besorgte ihr eine Tante eine Lehrstelle in einem Andenkengeschäft in Wilhelmshaven. Drei Jahre später übernahm sie eine Filiale in Wangerooge. 1905 verlobte sie sich mit meinem Vater. Immer, wenn er auf dem Wasser beim Fischen war, so erzählte er, sah er sehnsuchtsvoll zur Insel rüber. »Sie konnten zusammen nicht kommen, das Wasser war viel zu tief«.

So klug war also meine Mutter in der Schule gewesen. Als ich dann später mit schlechten Noten nach Hause kam, war sie immer sehr ungehalten. Vater dagegen stand mir bei und sagte: »Das Kind ist so praktisch veranlagt und kommt im Leben schon zurecht.« Das tat mir gut, aber die schlechten Noten und die Kritik meiner Mutter hingen mir immer nach. Das ging soweit, daß sie mir später, als ich schon in Quellerdünen arbeitete, nicht zutraute, daß ich die Buchführung allein schaffte.

Nie wieder Spiekeroog!

Mein Vater hatte eine gute Verbindung nach Spiekeroog. Besonders zu Onkel Gerd und seiner lieben Frau Gesine. Sie führten im Inseldorf ein Feinkostgeschäft und verkauften im Sommer gerne die fangfrischen Fische von meinem Vater: Schollen, Seezungen und Granat. Ihre älteste Tochter Anne war so alt wie ich. Als ich elf Jahre alt war, lud mich Tante Gesine über Ostern ein. Das fand ich toll: Jeden Tag Kuchen und Schokolade! Aber Anne und ich hatten nicht dieselbe Wellenlänge. Im Gegensatz zu mir ging sie gar nicht gerne an den Strand, und spielen mochte sie auch nicht. Dafür war sie eine gute Schülerin. Zu meinem Leidwesen blieb sie am liebsten zuhause hocken. Mit uns beiden ging das nicht gut. Da halfen auch nicht die von Tante Gesine ans Bett gebrachten Schokoladeneier und anderen Süßigkeiten. Ich sehnte mich nach meinen Spielkameraden und Eltern zurück.

Zum Glück war meine Schwester Debora auf der Insel. Sie arbeitete als Küchenleiterin im Hindenburgheim. So oft ich konnte, flitzte ich zu ihr, aber sie sagte: »Sie haben dich doch eingeladen, da mußt du auch bleiben.«

Doch sie hatte die Rechnung ohne ihre kleine Schwester gemacht. Ich hatte inzwischen an der Brücke neben dem Fährschiff von Onkel Bertus ein Ruderboot entdeckt und ausgekundschaftet, wann die Flut kam. Ich wollte dann mit der Flut zurück nach Neuharlingersiel rudern. Das traute ich mir zu. An dem passenden Tag kam die Flut am Vormittag, und ich machte mich über die Wattwiesen zum Anleger auf. Die gute Debora mußte einen sechsten Sinn gehabt haben. Mit dem Fernglas schaute sie zur richtigen Zeit über die Wiesen, entdeckte mich, und schickte mir ganz schnell einen Bekannten nach. Onkel Didi holte mich ein. Ich fragte ihn: »Was willst du denn?« – »Ja«, sagte er, »stell dir vor, ich suche ein verlorenes Schaf.« Noch war ich ahnungslos und sagte: »Aber ich habe hier keins gesehen.« »Nein,« sagte er weiter, »Debora hat gemerkt, daß du so Heimweh hast und es wohl fertigbringst, einfach mit dem Boot von Onkel Hubertus nach Hause zu rudern. Du darfst mit dem nächsten Fährschiff zurückfahren.« Im Innern schwor ich mir: Nie wieder Spiekeroog. (Aber man soll niemals »nie« sagen. Anm. der Herausgeberin)

Erinnerungen an die Konfirmation und das Leben in der Familie

Meine Schulzeit endete im April 1934. An sich wäre ich Ostern 1934 auch konfirmiert worden, aber dann hätte ich im letzten Schulwinter zweimal in der Woche immer ab 10 Uhr anstatt in der Schule in Werdum beim Pastor im Konfirmandenunterricht gesessen. Das wollte meine Mutter nicht, ich sollte keine einzige Schulstunde verpassen. Also besuchte ich nach der

Schulzeit erst den Konfirmandenunterricht und wurde dann am 14. April 1935 zu Palmarum konfirmiert. Die Prüfung war eine Woche vorher. Die Vorstellungen der Konfirmanden von heute dagegen ist rein gar nichts. Pastor Stockstrom ließ uns 22 Jungen und Mädchen ganz viel auswendig aufsagen. Zum Glück durften wir uns melden. Ich meine, daß ich wohl fünfmal dran war. Zur Konfirmation nähte mir Tante Dini, eine Nenntante aus Neuharlingersiel, aus Lindener Samt ein für damalige Zeiten feines Kleid. Das hatten längst nicht alle, und darum war ich ganz stolz. Von meiner Patentante Gesche, Onkel Eilt Jacobs' Frau, erhielt ich vor dem Kirchgang ein Gesangbuch mit Taschentuch. Meine Schwester Debora schenkte mir eine Bibel mit der Widmung aus Psalm 32, Vers 8 »Ich will dich unterweisen und dir den Weg zeigen, den du wandeln

Kirche in Werdum

sollst. Ich will dich mit meinen Augen leiten.« Dieser Spruch hat noch heute eine große Bedeutung für mich, und ich finde, daß alle meine Wege, die ich gegangen bin, von Gott gut geführt worden sind. Den Konfirmationsspruch von Pastor Stockstrom: »Will mir jemand nachfolgen, der nehme sein Kreuz auf sich und folge mir« (Mt. 16,24), fand ich nicht so gut. Zum Konfirmationsgottesdienst in der St. Nikolai Kirche nach Werdum fuhren wir gemeinsam mit einem Bus. Das war auch schon etwas Besonderes. Zum ersten Abendmahl gingen wir dann Gründonnerstagabend.

Noch einmal zog ich das Konfirmationskleid an und später danach nur zu besonderen Anlässen, wie Geburtstag und Weihnachten. Damit es recht lange paßte, wurde es gleich weit genug genäht.

Ganz besonders gern erinnere ich mich an meine Geburtstage. Alle Geburtstage im Haus Jacobs begannen mit dem Jacobslied: »Lobe den Herren, du meine Seele..., der Gott Jacobs ist.« Am 16. Juni war meist schönes Wetter, und wir feierten im Garten. Das war fast wie ein »Tag der offenen Tür«. Einmal lehnten sich zwei fremde Jungen über den Zaun und schauten begehrlich zu. »Wir wollen auch mitmachen!« »Dann müßt ihr aber ein Geschenk haben.« Die beiden verzogen sich und schnappten sich irgendwo im Dorf eine kleine Katze. Sie wurde der schwarze Peter genannt und war das schönste Geschenk. Mein Vater hatte nur Bedenken, daß sie auf dem Boden in die ausgelegten

Netze ginge. Ich paßte tüchtig auf, und es ging alles gut.

Ich weiß, was ich meinem Elternhaus verdanke. Meine Kindheit war einfach schön. In meinem Elternhaus sind wir mit viel Liebe und Christlichkeit erzogen worden. Morgens las meine Mutter immer die Losung, und vor jeder Mahlzeit wurde gebetet. Wenn mein Vater nachts zum Fischen rausfuhr, er war ja von der Tiede abhängig, stand meine Mutter auf, machte ihm das Frühstück und ließ ihn nicht ohne Gebet und ein Wort Gottes an Bord gehen. Und wenn mein Vater das Netz über Bord warf, sagte er: »Herr, auf dein Wort werfen wir das Netz aus.« Das alles war uns von klein auf so selbstverständlich und hat uns geprägt und stark im Glauben gemacht. Dafür bin ich ganz besonders dankbar.

Im Rückblick kann ich erst ermessen, wie weitherzig und großzügig meine Eltern waren. Ich durfte immer meine Freundinnen und Freunde zum Spielen mit nach Hause bringen. Wir hatten ein schönes, großes Haus direkt am Hafen. Direkt davor im Hafenwasser lag die Fortuna, eine Schaluppe, die mein Vater schon von seinem Vater geerbt hatte. Meine höchste Wonne war, wenn ich mit an Bord gehen konnte. Das durfte ich auch mit Gästen. Mein Vater, der als tüchtiger Fischer und Jäger bekannt war, wurde oft von Ärzten und Kaufleuten angesprochen, daß er mit ihnen auf Seehundsjagd gehen sollte.

Einmal bin ich mit Gästen nach Langeoog gefahren, wo er uns am Südwesthörn absetzte. Er fischte vor Langeoog und wollte uns wieder am anderen Ende der Insel aufnehmen. Als wir an die Vogelkolonie kamen, entdeckte ich ein Nest mit zwei kleinen Möwen. Sie taten mir leid, und ich nahm sie mit. Wie ich zu Hause ankam, war meine Mutter ganz entsetzt: »Kind, wie kannst du nur...« Dann kam mein Vater und sagte: »Ach, das ist ja toll, du mußt sie nur immer gut füttern. Wir haben ja jeden Tag Fisch, und da haben wir alle unsere Freude dran.« Da bin ich meinem Vater um den Hals gefallen. Ich war damals zehn Jahre alt. Die Möwen wurden schnell groß. Wie alle Möwen flogen sie auch fort, kamen aber immer wieder und fraßen uns aus der Hand. Selbst in der Schulpause stellten sie

Onkel Willi, mein Vater, mit uns Kindern nach der Robbenjagd

Rummelhörn, gemalt von Otto Fisser

sich ein, und wenn die Gäste in den Veranden am Essen waren, beobachteten sie uns. Korbi (auf Platt Möwe) wurde acht Jahre alt, die andere lebte sogar über 20 Jahre.

Von Lebertran und anderen Sachen

Der liebste Spielplatz war für uns der Rummelhörn, da wo alles rumlag an der Slipanlage beim Schuppen für das Rettungsboot. Der Steindamm lag zur Seeseite mit den Schlengen - das sind Holzpfähle mit Buschwerk zur Befestigung der Anlage - und den Schienen für das Rettungsboot. Mein Vater hatte dort eine offene Feuerstelle für einen großen Topf eingerichtet. Auf einem großen Brett zog er den Seehunden das Fell ab. Das nahmen die Herren natürlich als Jagdtrophäe mit. Mein Vater schnitt den Seehunden mit einem riesigen scharfen Messer den Speck vom Leib. Er briet sie in Würfeln, und wir Kinder liefen los und holten von zu Hause Schwarzbrot und Salz und riefen unterwegs allen zu, daß Onkel Willi – anders war mein Vater gar nicht bekannt – Robbengrievels briete. Wir legten die Seehundsgrieben aufs Brot und aßen uns satt. Der Tran tropfte nur so die Mundwinkel herunter. Das war gut für unsere Gesundheit. Auch dem kranken Vieh tat der Tran gut. Es wurde damit eingerieben, wenn es sich verletzt hatte. Am Rummelhörn haben wir auch gebadet, sind Boot gefahren und ließen unserer Phantasie freien Lauf.

Zwischen den Scheunen richteten wir unsere »Läden« ein. Die Jungens waren meistens die Bäcker, die aus Schlick die schönsten Brote und Kuchen backten. Dann war da der Kaufmann, der aus kleinen Steinen Kakao und Kaffeemehl rieb, und die Miesmuscheln dienten als Kandis. Aus Tang fertigten sie ihre Nudeln. Bei einem Erlebnis kribbelt's mir noch immer kalt den Rücken runter. Zwei Jungs hatten mich mal in eine Eiskiste gesperrt. Um jederzeit Eis zum Kühlen auf Vorrat zu haben, gab es im Hafen einen sogenannten Eiskeller, in dem im Winter geschlagenes Eis eingelagert wurde und das ganze Jahr über als Eisstangen überdauerte. Aus diesem Eiskeller holten sich die Fischer Eis in besondere Kisten, um Fisch frisch zu halten. Im Herbst – ich war so acht Jahre alt – stand so eine Kiste mit Eis neben dem Rettungsschuppen.

Ich sprang aus Spaß hinein, und bums, da schoben zwei Jungs oben den Deckel rüber. Dann polterten sie auf ihm herum und schrieen: »Sophie sit hie inn, Sophie sit hie inn!« Ein Fischer aus der Nachbarschaft bemerkte das und und rief: »Wat makt ji denn?« So kam es rechtzeitig raus, daß ich da unten saß, und wurde wieder befreit . Ich drohte zu ersticken und war schon ganz blau. Die Jungen wurden tüchtig versohlt, daß ihnen der Spaß auf der Stelle verging.

In einem Jahr entdeckten wir, wie wir Geld verdienen konnten. Wir hatten von Vater einen alten Fischkorb, den stellten wir auf den Steindamm. An einen Holzstab knoteten wir einen Bindfaden. Der Holzstab hielt den umgestülpten Korb hoch. Unter ihm hatten wir kleine Fische ausgelegt. Auf die waren immer die Möwen ganz scharf. Wir Kinder saßen in einigem Abstand mit der Schnur in der Hand und lauerten darauf, daß Möwen anflogen und sich die Fische holten. Hüpfte eine Möwe unter den Korb, zogen wir am Band, der Stock fiel um, und die Möwe war gefangen. Wir schnappten sie und brachten sie lebendig zu »Meier-Deutschland«. Das war ein Ehepaar aus Polen, die großen Wert darauf legten, Deutsche zu sein, darum nannten wir sie schlichtweg: »Meier-Deutschland«. »Meierdeutschlands« brieten sich die Möwen, was wir nie taten. Wir bekamen für jede 20 Pfennige und hatten so ein bißchen Taschengeld.

Meine Spielkameraden

Von unserer Mutter, sie verwaltete als »Vaters Sekretärin« das Geld der Familie, bekamen wir sonntags immer einen Groschen, den wir gleich beim Bäcker umsetzten und dafür ein »Nappa« kauften, weil wir daran am längsten lutschen konnten.

Viel Spielzeug besaßen wir alle nicht. Es war wieder mein Vater, der mir einen Wagen für meine Puppe gebastelt hatte. Wenn das Wetter schlecht war, durften wir auf unserem Boden spielen, wo uns mein Vater sogar eine Schaukel aufgehängt hatte. Außerhalb der Ferienzeit hatte ich ein Zimmer für mich, aber wenn es vermietet wurde, zog ich in eine kleine Dachkammer auf den Boden.

Unsere Nachbarn, Keiters und Sieberns, waren jünger als meine Eltern und hatten je sechs Kinder. Jedes

Jahr war eins dazugekommen. Wenn sie geboren wurden, kamen, wie schon erzählt, die anderen Kinder zu uns.

Meine Schwester Debora, 12 Jahre älter als ich, war den Sommer über im Hindenburgheim auf Spiekeroog als Wirtschafterin in der Küche. Der damalige Landesjugendpastor Ludwig Kaiser nahm sie im Winter mit nach Hannover in seinen Haushalt. Aus Hannover brachte sie mir oft Dinge mit, die andere Kinder in Neuharlingersiel nicht kannten. Zum Beispiel ein Jojo. Theda war zuerst auf Langeoog im Haus Bethanien und gab von dort all' ihre Weisheiten zu Hause weiter. Manchmal konnten wir das gar nicht mehr hören.

Auch wenn meine Schwestern soviel älter waren als ich, hielten wir gut zusammen, und ich konnte sie immer einiges fragen. Ein Stück Aufklärung erhielt ich auch von ihnen. Beim Wäschebleichen fielen mir Dinge auf, die ich nicht unterbringen konnte. »Ja«, sagte Theda, »das sind die kleinsten Hängematten der Welt.« So, nun wußte ich Bescheid.

Meine Erlebnisse mit Sommergästen

Im Sommer kamen regelmäßig aus Berlin zwei Lehrerinnen zu uns. Meine Mutter, die ja immer Sorge hatte, daß aus Sophie nichts würde, bat die Beiden, mir doch Unterricht in Rechnen und im Schreiben zu geben. Dafür bekamen sie dann das Mittagessen umsonst. »Oh, dat wer för mi jo nix, un ok noch in de Ferien.« Ich sehe zu meinem Vater rüber und frage: »Ob de woll mal dot gahn?« Aber ich habe diese Zeiten auch noch überstanden. Seitdem wir im neuen Haus (1911) wohnten, vermietete meine Mutter Zimmer. Manche Gäste bekamen nur Frühstück, manche alle Mahlzeiten. Die Übernachtung kostete eine Mark. Wieviel das Essen kostete, weiß ich gar nicht mehr.

Die Schwester vom Reichsgesundheitsführer Conti hatte im Keller eine Kochgelegenheit für sich. Sie kam viele Sommer vor dem Krieg und in den ersten Kriegsjahren mit ihren fünf Kindern und ihrem Mann, der Museumsdirektor in Münster war, zu uns. Im Krieg zog meine Tante Emmi mit ihrem Mann nach der Ausbombung aus Wilhelmshaven zu uns. Als mein Bruder Hermanus 1949 heirate, zog er in die obere Wohnung, und dann vermieteten wir nicht mehr.

Mein Vater, der sehr bestrebt war, auch wenn die Hauptfangzeit vorüber war, Geld zu verdienen, fuhr doch immer einmal noch im November raus und sagte zu meiner Mutter: »Na, ich will mal sehen, ob wir Glück haben und einen Schwarm Sprotten fangen.« Und er hatte Glück. Mutter konnte von unserer Hintertür sehen, ob mein Vater in Sicht war. Blieb er für einige Zeit unsichtbar, wußte meine Mutter, daß er wohl etwas gefangen hatte und damit gleich nach Wilhelmshaven zum Verkauf auf den Fischmarkt gefahren war. Sprechfunk gab es nicht, und wir hatten auch kein Telefon. Ganz oft kam er erst anderntags zurück.

Von ganz besonderen Weihnachtsbescherungen

Einmal war das Glück so groß gewesen, daß er mit einem Taxi vorfuhr. Er hatte einen Teppich für Mutter erstanden. Debora bekam eine Uhr, Theda eine Kette, Hermanus einen Roller und ich eine kleine Waschtrommel. Welche Kinderglückseligkeit! Damals war ich gerade fünf Jahre alt, aber an das Ereignis kann ich mich noch ganz genau erinnern. Mutter hatte aber doch einige Einwände vorzubringen: »Vater, warum verteilst du jetzt so tolle Sachen. Es ist doch bald Weihnachten!« Verschmitzt holte da Vater aus seinem Sweater eine Handvoll Scheine und sagte: »Und nun kannst auch noch für Weihnachten einkaufen.« Vater meinte abschließend: »So ist das nun mal mit der Fischerei, mal arm, mal reich, mal gar nichts.«

Auf Weihnachten freuten wir uns immer ganz besonders. Als ich neun Jahre alt war, war ich vor der Bescherung mit Gedichtaufsagen dran. Ich stand vor dem Tannenbaum und sah von dort aus ein wackelndes Paket unter meinem Tisch. Ob das wohl ein Kaninchen war? Ich wünschte mir doch sehnlichst eins, aber eigentlich noch mehr einen Hund. Ich stockte mitten im Aufsagen und wurde immer aufgeregter. Der Deckel hob und senkte sich so geheimnisvoll. Schließlich griff mein Vater ein: »Nun laß man Sophie!«

Und Sophie durfte ihr Paket öffnen. Ich war überwältigt, mir sprang ein junger Terrier entgegen. Ich habe ihn Schnucky genannt.

An diesem Weihnachten gab es eine zweite Bescherung. Hermanus war 15 Jahre, ich neun Jahre alt. Unsere Eltern waren eingeladen und sagten, daß wir schön artig zu Hause bleiben sollten. Damals war ich so von unserem Tannenbaum fasziniert. Mein Vater hatte nämlich auf einem seiner Streifzüge durch besondere Geschäfte einen famosen Tannenbaumständer entdeckt. Zog man eine Feder auf, drehte er sich und spielte Weihnachtslieder ab. Auf mein Bitten und Betteln legte sich Hermanus unter den Baum und zog mit kräftiger Hand die Feder auf. Dabei muß er sie überdreht haben. Plötzlich sauste nämlich der Baum in ungeahnter Schnelligkeit in die Runde. Die Kugeln flogen nur so in die Waagerechte, das Kerzenwachs, wir hatten natürlich auch die Lichter angezündet, spritzte in die Gegend, und wir standen mit angehaltenem Atem davor. Zum Glück gingen die Kerzen im Fahrtwind aus. Meine Eltern schlugen nach ihrer Heimkehr nur die Hände über dem Kopf zusammen. Sie haben nicht geschimpft, denn sie waren wohl zu froh, daß nicht mehr passiert war. Nach dieser Unternehmung war es allerdings aus mit dem singenden und sich drehenden Tannenbaum.

Damals mußte ich mit herzförmig gebackenen Kuchen, Tee und Kandis am Nachmittag des Heiligen Abends zu den alten Witwen gehen. Dann hatte meine Mutter wenigstens Ruhe, den Baum zu schmücken. Viele Jahre später, auf der Hundertjahrfeier von Rodenbäcks, erinnerte sich ein älterer Fischer, daß er es nie vergessen würde, wie ich – gleich einer Fee – immer in sein Elternhaus gekommen sei und diese leckeren Sachen den sechs Kindern gebracht hätte.

Unsere Mutter und das liebe Geld

Wir haben sparsam gelebt, aber nie Not gelitten. Unsere Mutter konnte sehr gut mit Geld umgehen. Ihr Prinzip: »Wir sind zu arm, um billige Sachen zu kaufen.« Vater wurde im 1. Weltkrieg bei der Marine als Sanitäter eingezogen und war in Flandern. Er erzählte immer wieder, wie dankbar er sei, daß er nicht auf Menschen schießen mußte, sondern den Verwundeten helfen konnte. Mutter, tüchtig wie sie war, hatte gute Bekannte unter den älteren Fischern, die zu dieser Zeit mit unserer Schaluppe Fortuna rausfuhren und Mießmuscheln fischten. Ihre Frauen kochten sie und brachten sie schon ausgepult meiner Mutter. Sie packte sie in Fässer und verschickte sie ins Rheinland.

So verdiente sie Geld und hat zusätzlich den Leuten im Rheinland Lebensmittel verschafft. Eines unserer Zimmer führte gleich mit einer Tür nach draußen. Darin verpackten wir unsere Muscheln, und somit hieß dieser Raum bis heute immer nur Muschelkammer. Das Meer half uns über alle schlechten Zeiten hinweg.

Nach dem 1. Weltkrieg und in den dreißiger Jahren, bevor Adolf kam, waren die Zeiten nicht gerade rosig.

Adolfs Zeiten

Dann kam Adolf, und es ging erst einmal, wirtschaftlich gesehen, bergauf. Die Fischer bekamen wieder mehr Geld für die Krabben und Schollen, und man dachte, jetzt wird alles besser. Ab dem 13. Lebensjahr war ich Jungmädel im BDM. In dieser Zeit richtete meine Mutter ein Zimmer als »Hilfsstelle für Mutter und Kind« ein. 1934 wurde sie dafür in einem Kursus in Worpswede in diese Arbeit eingeführt und sagte dort an einem Sonntag: »Ich gehe heute zur Kirche.« Der Leiter war darüber ganz empört, aber Mutter hat sich durchgesetzt, und da sagte der Leiter: »Ich bewundere Ihren Mut.« Durch dieses Erlebnis wurde meine Familie doch skeptisch. Mein Onkel Eilt war ein sehr überzeugter Christ, er verteilte christliche Traktate im Hafen an alle Leute, die ankamen und abfuhren. Schließlich schrieb er in einem Brief an Hitler: »Ein Volk ohne Gott und Religion kann nicht bestehen.« Diese Aktion brachte ihm einen Lageraufenthalt in Wilhelmshaven ein. Da er die Leute kannte, die ihn festgenommen hatten, kam er bald wieder raus. Trotz der Gefahr, wieder von den Nazis verhaftet zu werden, verbreitete er weiter Gottes Wort. In seinem Haus in Neuharlingersiel hatte er einen Raum eingerichtet, in dem hielt seine Tochter Minna auch Sonntagsschule für die kleinen Sieler ab. Bis zu 20 Kinder saßen immer zusammen. Für den Sonntagabend hatte er einen Prediger an der Hand, der eine Erwachsenenandacht hielt. Minna begleitete die Andachtsgemeinde auf dem Harmonium zu den Gesängen aus dem Reichsliederbuch. Im Chor von Minna sangen stets Debora und Theda mit.

Dies und das nach der Schulzeit

Im Winter 1935/36 schickten mich meine Eltern auf eine Haushaltungsschule nach Springe, wo meine Schwester Debora Hauswirtschaftsleiterin war. Sie brachte uns das Kochen bei. Außerdem gab es noch Unterricht in Rechnen und Deutsch. Den Religionsunterricht erteilte Fräulein Otte. Sie sollte später in meinem Leben noch eine wichtige Rolle spielen. Im Sommer war ich wieder zu Hause und habe meiner Mutter geholfen. Es gab mit den Badegästen viel zu tun. Außerdem hatten wir noch eine Gasöltankstelle. Damit verdienten wir soviel, daß Vater sein Gasöl für den Motor der Schaluppe frei hatte. Bis 1908 fuhr er noch unter Segeln. Wieder war es Onkel Eilt Jacobs, der für uns fast ein richtiger Reeder war, weil er fünf Schiffe besaß, die er als erster in Neuharlingersiel mit Motoren ausrüsten ließ. Sie hießen übrigens »Glaube«, »Liebe«, »Hoffnung«, wobei der Fischkutter »Liebe« der größte war. Die beiden anderen Schiffe waren Muschel-

1936 war ich der dritte Mann an Bord

sauger. Sie hießen »Ebenezer« und »Emanuel«. Muscheln wurden damals zu Kalk verarbeitet.

Als 1936 mein Bruder Hermanus zur Marine eingezogen wurde und Vater keinen Ersatz für ihn hatte, bin ich mit Vater neben Hero als dritter Mann zum Fischen gefahren. Trotz der harten Arbeit hat mir das großen Spaß gemacht.

Einmal war ich so müde, daß ich, als das Netz draußen schleppte, auf den Planken einschlief, bis mich plötzlich mein Vater antippte und auf einen wunderbaren Sonnenuntergang zeigte. Mein Vater hatte sehr viel Sinn für die Schönheiten der Natur. Er malte vor allen Dingen gerne Segelschiffe, und als meine Eltern 1911 unser neues Haus am Hafen bauten, modellierte mein Vater aus Zement ein tolles Schiff über dem Ein-

Vaters Schiffsrelief über unserer Haustür

gang, und darunter steht noch heute »Gott mit uns«. Ganz oft saßen wir auch am Hafen und beobachten die Wolken. Mit viel Phantasie entdeckten wir die tollsten Figuren am Himmel. Meinen Blick für die Natur und auch die Fähigkeit zu malen, die ich ja erst viel, viel später entwickelte, habe ich bestimmt meinem Vater zu verdanken. Die zwei Sommer 1936 und 1937 auf See mit Vater und Hero werde ich nie vergessen.

Sturm über der Nordsee 1936

Es war Herbst. Es wehte ein starker Nord-West-Wind. Wie immer, gingen die Blicke der Fischer über das Watt und zu den Inseln rüber. Da wurde SOS gefunkt. Sofort lief das Rettungsboot aus und erreichte auch glücklicherweise beide in Seenot geratene Frachter. Die Besatzungen konnten vom Rettungsboot aufgenommen werden, nur der holländische Kapitän verließ seine Stellung nicht. Alle anderen erreichten sicher den Hafen. Die Schulkinder bekamen frei und riefen: »Skipp up!« Es war eine richtige Sensation. Früher, so wurde erzählt, hätten die Fischer immer gebetet: »Gott segne unseren Strand!« und damit gemeint, daß bitte einiges an Strandgut angeschwemmt werden möge.

Nach der Rettungsaktion stachen die Schaluppen unserer Fischer in See. Sie wollten sehen, ob nicht etwas zu holen sei. Ich war mit an Bord bei meinem Vater. Die Schaluppe hatte in der schweren See zu kämpfen. Einmal hatten wir Grundberührung, aber - gottlob! - kamen wir wieder frei und konnten den Kapitän an Bord nehmen. Der eine Holländer hatte Briketts geladen, der andere Weizen. Wir konnten nichts machen. Unser »Seeräuberblut« mußte bis zum anderen Tag ruhig bleiben. Aber dann nahmen alle bei glatter See die Briketts über. Der ganze Hafen war am Rande vollgestapelt. Für alle ein Segen, denn damit war für den Winter die Wärme gesichert. So ohne Fracht kam der Holländer auch wieder frei und konnte mit der Besatzung nach Hause auslaufen. Das Schiff mit dem Weizen kam von selber wieder frei und fuhr ab in Richtung Heimat.

Fooke Habbens letzte Fahrt

Wir schrieben das Jahr 1936. In dem Herbst, wo ich auch mit Vater draußen war. Unsere Fischerfreunde aus Neuharlingersiel, Albert Habben und seine zwei Söhne, waren bei bewegter See rausgefahren. Da geschah das Unglück, über das meine Schwester Debora das nachfolgende Gedichte als Nachruf in der Zeitung für die Fischer schrieb.

Von vielen Gefahren stets umgeben,
ist unser Stand - das Seemannsleben.
Wir müssen kämpfen in Sturm und Not,
dem Meer abringen unser Brot.

Und mancher Fischer sank schon hinab,
fand in den Wellen sein nasses Grab.
Uns Fischer vom Siel hat so manches Jahr
Gott behütet vor Sturm und Todesgefahr.

Doch ein junger Fischer aus unserem Kreis,
er mußte jetzt machen die letzte Reis'.
Er fuhr mit Vater und Bruder hinaus,
übt noch einmal die Arbeit aus.

Dann riß das Netz ihn mit sich fort,
und er fiel plötzlich von Bord.
Hart mußte er mit den Wellen ringen,
man konnte ihm keine Hilfe bringen.

Drei Wochen vergingen, da kam die Kunde
aus Schleswig Holstein von seinem Funde.
Das Meer gab ihn endlich zurück ans Land,
an seinem Ring hatte man ihn erkannt.

Nur kurz war sein Leben, sein Eheglück.
Eltern, Geschwister ließ er trauernd zurück.
Auch uns kann der Tod sehr schnell ereilen,
ob wir auf dem Land oder Meere weilen.

Mögen wir darum stets sein bereit
für die letzte Reise zur Ewigkeit.

Im Winter 1937 war ich dann zum ersten Mal bei Bankdirektor Friebels in Berlin. Im Sommer waren sie als Gäste bei uns gewesen und hatten dann die Idee, mich als Haustochter aufzunehmen. Meine Mutter fand das gut, konnte ich doch bei ihnen den feinen Haushalt kennenlernen. Sie waren zwar lieb und nett zu mir, aber ich hatte immer Heimweh. Mir fehlte meine Familie, der Hafen, die Weite und das Meer. Friebels haben mit mir viel unternommen. Theater, Konzerte, und als Adolf auftauchte, haben wir uns die Aufmärsche angeguckt. Aber daß wir mitgejubelt haben, daran kann ich mich nicht erinnern. Friebels waren eher skeptische Leute. Doch am alle vier Wochen verordneten Gemeinschaftseintopfessen beteiligte sich die Familie auch. Eines Sonntags, als wir in der Kaserne bei der Leibstandarte Hitler zum Essen waren, wurden zwei SS-Leute auf mich aufmerksam und sprachen Friebels an: »Das ist wohl ihre Tochter, die hätten wir gern in die Einrichtung Lebensborn geholt.« »Nein«, sagte Herr Friebel, »sie ist nicht unsere Tochter und auch die Eltern, die wir gut kennen,

Ein Bild aus meiner Zeit im BDM (Bund Deutscher Mädel)

würden ihre Einwilligung dazu nicht geben.« »Ja aber«, sagten die SS-Leute, »wir suchen doch Mädchen und Frauen echt nordischer Rasse, was hier doch zutrifft.« Aber Herr Friebel wehrte ganz entschieden ab. Als wir draußen waren, fragte ich erst mal ganz naiv: »Was ist denn das für eine Einrichtung, dieses Lebensborn?« Ich wurde wieder einmal aufgeklärt: »Da kommst du in ein Heim und wirst mit einem ebenso nordischen Mann zusammengebracht und mußt dann dem Führer jedes Jahr ein Kind schenken. Du darfst es aber nicht behalten, es wird im Sinne des Führers erzogen.« Ich fiel aus allen Wolken. Später erzählte ich es meinen Eltern und Freunden. Sie waren alle sehr empört und fragten, wo das denn alles noch hinführen sollte.

Im Sommer drauf kam unser Kreisbauernführer. »Sophie, wir haben dich ausgesucht. Du sollst mit nach Nürnberg zum Reichsparteitag. Da sollen Mädchen Volkstänze vorführen, die groß und blond sind.« Daß ich da begeistert war, kann sich wohl jeder denken. Umsonst nach Nürnberg, das war doch was! Aber zuerst mußte ich nach Oldenburg, wo die Besten ausgesucht werden sollten. Ich fuhr los. In Oldenburg mußten wir als erstes einzeln an einer Reihe von Herren vorbeimarschieren. Ich wurde auch gleich für die Aufgabe ausgesucht und war ja froh. Sie nahmen dann unsere genauen Personalien auf. Dazu gehörte die Angabe des Berufes vom Vater. Und schon war alles vorbei, denn es sollten nur Bauerntöchter sein. Empört und traurig, daß ich nun nicht mitdurfte, sagte ich mutig: »Ich denke, bei Hitler gibt es keine Klassenunterschiede! Außerdem gehört mein Vater doch zum Reichsnährstand!« Diese Gruppierung vereinigte Fischer und Bauern, die auch einen Beitrag bezahlen mußten. Es nützte indessen alles nichts. Ich wurde durch eine ersetzt, die zuerst ausgemustert worden war. Oh, war ich enttäuscht. Geheult habe ich auch. Wieder zu Hause angekommen, war bei uns ordentlich was los. Mein Vater sagte zu den anderen Fischern: »Jetzt treten wir alle gemeinsam aus dem Reichsnährstand aus.« Da kam der Kreisbauernführer, und ich mußte alles erzählen, auch wie der Mann hieß, der mich ausgemustert hatte. Es war ein H. Spitzig, der dafür zur Rechenschaft gezogen wurde. Als Ersatz sozusagen, wurde mir der halbjährige kostenlose Besuch der Bauernhochschule angeboten. Ich habe dankend verzichtet.

Noch mehr nordische Rasse, und wie ich zum Film kam

Meine nordische Rasse brachte mir noch eine Filmrolle bei der Ufa ein. Eines Tages, ich ging einkaufen, da hielt ein tolles Auto neben mir mit der Nr. IA für Berlin. Zwei Herren stiegen aus und fragten, ob mein Haar echt blond sei, und ob ich nicht Lust hätte in einem Film, der im Urwald bei Neuenburg gedreht würde, mitzumachen. Da war ich gleich Feuer und Flamme, aber ich sagte: »Da muß ich wohl doch erst meine Eltern fragen.« »Natürlich, da gehen wir mit.«

Wir kamen an unserem Haus an, vor dem mein Vater auf der Bank saß. Wie sie meinen Vater sahen, rief der eine: »Da ist ja der Mann, den wir schon lange für unser Wikingerschiff suchen.« Die Herren kamen ins Haus, und beim Tee wurde alles besprochen. Vater kam aufs Wikingerschiff, und ich mit zwei Kindern von meinem Vetter in den Urwald. Wir bekamen ein tolles Zimmer im Hotel. Dann ging es los: Sie hatten ein Pfahlbau-Dorf aufgebaut. Ich bekam einen blonden Mann und mußte dann mit den Kindern aufs Feld und zwischendurch zum Brunnen Wasser schöpfen. Von dieser Szene gab es später mal ein Bild in einer Illustrierten zu sehen. Mein Mann verunglückte tödlich, und ich mußte an einem ausgehöhlten Baumstamm, der als Sarg diente, ehrfurchtsvoll stehen. Aber bis alles im Kasten war, gab es immer wieder Pannen. Einmal hatte »mein Mann« beim Filmen die Armbanduhr an. Ein andermal waren Reifenspuren vom Kamerawagen zu sehen. Insgesamt war es mühsam, aber auf jeden Fall interessant. Schon allein die Vorbereitungen waren spannend. Mir paßten sie ein Leinenkleid an, dazu tolle Schuhe, und mein Haar wurde mit einer großen Spange zusammengehalten. Weil sie uns immer so braun schminkten, hatte ich abends tüchtig zu tun, daß wir wieder normal wurden. Uns entging während dieser Zeit nicht, daß sich die braunen Bonzen immer zusammensetzten und ordentlich soffen.

Als Maid beim Arbeitsdienst in Hilkerode bei Duderstadt

Eine der älteren Mitspielerinnen kam aus Werdum. Sie nannten sie »Germania ohne Sockel«. Auf jeden Fall fanden wir alles rundherum interessant und hatten unseren Spaß. Seltsam war nur, daß der Film nicht richtig fertig wurde. Er sollte den Titel tragen »Deutscher Wald, deutsches Schicksal« oder »Und ewig rauschen die Wälder«. Wir haben ihn nie als Ganzes gesehen. Mit Ausbruch des Krieges war dann für uns sowieso alles vorbei. Wir dachten nicht mehr daran.

Als Maid beim Arbeitsdienst

Im Winter 1938/1939 habe ich mich zum Arbeitsdienst gemeldet. Ich wollte doch so gerne in die Berge und dachte, wenn du dich freiwillig meldest, kannst du mal nach Bayern. Aber ich mußte in Niedersachsen bleiben und kam in das Dorf Hilkerode bei Duderstadt. Alle Arbeitsdienstmaiden waren in einer ehemaligen Zigarrenfabrik untergebracht. In zwei großen Schlafsälen mit 20 doppelstöckigen Betten mußten wir schlafen. Morgens in aller Frühe hieß es zum Frühsport antreten, dann Fahnenappell und danach Einrücken zum Arbeitsort. Ich mußte zu einem Bauern und lernte das Melken. Anschließend kam ich in eine Familie mit vier Kindern und einer alten Oma, wo die Mutter gestorben war.

Da habe ich erstmal »ostfriesisch geschummelt«, das hieß, einen Großputz vorzunehmen, was bitter nötig war. Die Oma und die Kinder waren so dankbar, daß sie die Führerin baten, ob ich nicht weitere vier Wochen bleiben könnte. Doch daraus wurde nichts, weil ich die Küche des Lagers übernehmen mußte. Das tat ich auch gerne, denn Kochen war damals schon mein Hobby gewesen. Einmal ging es mir ganz schlecht. Ich hatte fürchterliche Halsschmerzen, weil ich aber kein Fieber hatte, mußte ich doch irgendwelchen Außendienst mitversehen. In der Nacht konnte ich es nicht mehr aushalten. Ich bekam keine Luft mehr. Der Arzt mußte kommen und hat der Führerin große Vorwürfe gemacht. Ich hatte eine schwere Mandelentzündung und wenn nicht der Arzt gekommen wäre, wäre es mit mir »aus« gewesen. Einige Tage vor Weihnachten durften wir zum Glück nach Hause fahren. Es war der 19. Dezember, als ich in Neuharlingersiel ankam.

SOS in Watt und Eis

Als ich mit großer Vorfreude ins Haus trat, vermißte ich meinen Bruder Hermanus. Mein Vater nahm mich bei der Hand und ging mit mir ans Fenster und zeigte auf die tosende Nordsee. Es wehte ein steifer Nordwind. Im Watt war ein holländisches Schiff aufgelaufen. Rundherum eingekeilt von Eisschollen. Das war ein Fall für die Seenotrettung. Mein Bruder Hermanus war mit Georg und Harm Steffens und mit Richard Keiter unterwegs, um den Schiffbrüchigen zu helfen. Sie gingen in langen Stiefeln übers Eis. Ein gefahrvoller Weg, den die Alten mit Sorge beobachteten. Doch, wenn es um die Rettung von Seeleuten geht, gibt es kein Halten! Die Rettung gestaltete sich nicht einfach. Inzwischen war auch von Spiekeroog her ein Boot unterwegs. Doch der Weg übers Eis zu Fuß nach Neuharlingersiel war die beste Lösung. Der Frau vom holländischen Kapitän besorgten sie noch ein Paar Stiefel vom Spiekerooger Boot, dann ging es auf den nicht ungefährlichen Fußweg über die Eisschollen nach Neuharlingersiel. Mit großer Freude und Erleichterung wurden sie empfangen und untergebracht. Wir feierten alle zusammen das Weihnachtsfest. Die Königin von Holland verlieh den Sieler Rettern später hierfür Medaillen. Viele Jahre danach schrieb ich die ganze Geschichte auf Plattdeutsch auf. Unsere Zeitung »Das Harlinger Land« druckte sie Weihnachten 1998 ab. Das sah dann so aus:

»Disse Wiehnachten vör 60 Johr vergett woll nümst van uns«

Sophie Hansen geb. Jacobus ut Spiekeroog vertellt van en Rettungstat vör Neeharlingersiel

Neeharlingersiel – en Fiskerdörp an de oostfreeske Küst: Dor sünd mien Öllern, Groot- un Urgrootöllern geborn un upwussen, so as ik ok. Ik stamm somit ut en ollen Fiskerfamilje.

As Kind weer ik völ bi mien Vader an Bord, wurr al froh mit Water, Wind, Ebb un Floot vertroot maakt. Vader verstunn dat besünners good, uns up dat Moje in de Natur hentowiesen.

As mien Brör denn in Densten bi de Marine stunn, muß ik as Wicht de Schippsjung spölen, un denn gung 't elke Nacht mit Vader rut to fisken. Dat hett mi blied maakt un ok stolt. Geern weer ik dorbi bleven, doch mien Moder weer anner Menen; ik muß rut ut d' Huus, üm wat to lehrn. Man wat hebb ik faken Heimweh na mien lüttje Sieldörp hat. Later bün ik up dat – vör mi – mojste Eiland Spiekeroog gahn, wor ik mien leve Mann kennenlehrn dee. Dat hett mi glückelk maakt un tofree.

Spiekeroog is dat Eiland, wat Neeharlingersiel tegenöver liggt un wo de Sömmergäst mit Fährschipp översetten. Mien Wiehnachtsgeschicht spölt dor midden tüsken.

1938 harr de Arbeitsdienst ok mi nögt, un dat nettakraat to de Bargen hen. Doch Wiehnachten kunn ik na Huus. De Störm weih fix ut Noordoost, dat weer bannig kolt – mook nix, ik weer bold in de Waarmte bi Vader un Moder. De Freud weer groot, nu geev dat völ to vertellen bi 'n lecker Koppke Tee.

Doch wo is Hermanus? Ik vermiß mien Brör! Mien Vader nehm mi bi d' Hand, gung mit mi dör de Achterdör na buten.

Dat Öllernhuus stunn up 'n Diek, uns Blick gung rut up dat wiede Wattenmeer mit de meterhoge Iesbargen. Wiet in 't Watt sehn wi en holländischen Tjalk liggen: „Aktief" – hoch un drög up de Ieskullen.

Mien Vader vertell mi: De Tjalk, unnerwegs van Dänemark na Holland, dreev dör de starke Wind un Strömung up dat faste Ies. Se kemen dor ut egen Kraft nich mehr rünner. Do hebbt se mit hör Flaggen SOS wunken.

Wat nu? An Wiehnachten doch

Disse veer Neeharlingersieler Rettungslü bekemen van de holländisch Königin Urkunn un Orden für hör Rettungstat (v.l.): Georg Steffens (†), Hermanus Steffens († 7.8.1998), Richard Keiter (†), Harm Steffens († 1998)

(Bei Hermanus Steffens handelt es sich natürlich um Hermanus Jacobs, meinen Bruder, der 1998 verstorben ist) nümst mehr! Aver wat weer to doon? Mit d' Rettungsboot kunn man dor nich hen, dat Fohrwater weer vull mit Ies. So moken sük mien Brör un noch dree Fiskerlü mit lange Seestevels up d' Padd över dat Ies na de Tjalk to. De Öllern harrn Sörg an disse 19. Dezember vör Wiehnachten. Dat weer 'n gefohrvullen Weg över Iesbargen, Watt un Water. Aver dor weern Seelü in Nood. Dor mutt man eenfach helpen!

De Holländers weern blied, as se de Sielers sehn deen, aver noch weer en Rettung för beid Delen nich eenfach. Van d' Seesiet her krüzen ok de Insulaners mit hör Rettungsboot up. En Iesbreker weer dat Boot ok nich. Se kemen an de Tjalk nich ran. Mussen de holländisch Seelü up Tauweer wachten? – Ne, beter över 't Ies na 't Siel! De Holländers leten Schippsluken längssiet över Bord, so kunnen se doröver rutschen.

De Kaptein sien Fro weer ok an Bord. Se muß nu mit to Foot över 't Ies. Se harr aver keen Stevels, un so lepen de Kaptein un mien Brör na dat Spiekerooger Rettungsboot, de harrn seker noch 'n Poor Stevels. Binahst weer dor noch 'n Unglück passeert, se kemen int Rutschen un dreven mit en Iesscholl af. In lesd Minüt künnen se sük up dat Spiekerooger Boot redden.

So keem en Part up 't Eiland, de annern glückelk över 't Ies na Neeharlingersiel. Wat weern de Sielers blied un wu kunn man sük nu up den Wiehnachtsavend freun. De Lü ut Holland wurrn fründelk upnahmen. Slapen deen se in een van de Sieler Hotels, un so kunnen se över Wiehnachten up't Siel blieven. Mien Moder nög hör to Wiehnachtsavend in uns Huus. Ok mien Brör un de Kaptein, de ja in Spiekeroog ankamen weern, lann' noch rechttiedig mit so 'n lüttje Propellermaschien up't Siel. Disse Wiehnachten vergett woll nüms van uns! De Dannenboom mit sien waarm Kersenschien, Vader an sien Harmonium spöl nu dat, wat so elk un een van uns in sük föhln dee: „Nu danket alle Gott . ."

Moder lees de Wiehnachtsbotschaft up Platt vör. Dat kunnen ok uns holländisch Gäste verstahn. Bi de Wiehnachtsgesangen lepen doch so mennig Tranen. Lang hebbt wi noch mit en Koppke Tee binanner seten un hebbt uns völ vertellt in uns gemeensam Moderspraak. – Dat weer mien mojste Wiehnachten!

Dat dür ok nich lang, do stür de Königin der Niederlande en Dankschrieven un för all de helpers in Nood en Orden!

(Harlinger Land, Weihnachten 1998)

Der Krieg bricht aus

Wie das halbe Jahr im Arbeitsdienst um war, sollte ich in Hilkerode bleiben und zur Führerin ausgebildet werden. Das wollte ich schon gar nicht und sagte als Begündung, daß ich den Sommer über zu Hause gebraucht würde. Als im Herbst 1939 der Krieg ausbrach, wurde mein Bruder gleich eingezogen. Ich fuhr wieder mit meinem Vater zum Fischen raus. In dieser Zeit zogen sie alle alleinstehenden jungen und älteren Frauen zur Arbeit in die Munitionsfabriken ein. Schwester Debora stand das bevor. Und mir auch. Doch zum Glück widerfuhr uns das doch nicht.

Schwester Theda war auf Spiekeroog im Quellerdünenheim als Küchenleiterin, sie heiratete aber in diesem Jahr Uli Rodenbäck und kam zurück nach Neuharlingersiel. In den Heimen ging es sowieso drunter und drüber. Die Hitlerjugend hatte mit Beginn der Diktatur jedes Lager und die Teilnahme eines jeden einzelnen Jugendlichen zu genehmigen. Das Quellerdünenheim war ein Freizeitheim des CVJM im Westen der Insel und seit 1926 in Betrieb. Anfangs vor allen Dingen für Maßnahmen mit Jungen. Dazu gehörten Sommerfreizeiten und Bibel-Rüstzeiten. Das Verbot kirchlicher Freizeiten war in Runderlassen von 1938 und 1939 ausgesprochen worden. Die Gestapo überwachte die Freizeiten.

Singen und Beten sind verboten

Theda hatte noch miterlebt, wie die Freizeitleiter und Leiterinnen immer aufpaßten, daß sie nicht von Gestapomännern überrascht wurden. Sie lagen fast rund um die Uhr auf der Lauer, ob sich unbekannte »Hosenbeine« dem Haus näherten. Es waren genaue Tagespläne zu erstellen, die, ob es nun schönes oder schlechtes Wetter war, einzuhalten waren. Wenn Baden eingetragen war, mußte gebadet werden, egal ob Gewitter oder Kaltfront. Einmal hatte die SS in einer Freizeit mit Minnie Otte aus dem Landesjugendpfarramt in Hannover die Gruppe beim Singen und Beten erwischt. Die Kinder, als Sozialschwache deklariert und in die Freizeit geholt, mußten sofort nach Hannover zurück und Minnie Otte und ihre Helferin zum Verhör nach Wilhelmshaven. Aus der Traum! Das Heim wurde für Sudetendeutsche beschlagnahmt und später unter Druck an den Reichsverband für Deutsche Jugendherbergen verkauft.

Der Munitionsfabrik entkommen

1939 hatte Debora das »Teealter« erreicht. Sie war 30 Jahre alt geworden, und ab sofort standen ihr 100 Gramm Tee im Monat zu. Mit dieser »Gabe« wollte sich Hitler bei den Ostfriesen beliebt machen. Aber welcher echte Ostfriese kommt überhaupt mit 100 Gramm im Monat aus?

Zu der Zeit suchten wir beide nach neuer Arbeit. Mein Vater, der durch seine Seehundsjagden etliche höhergestellte Persönlichkeiten kannte, hatte auch zum Chef der Frauenklinik in Oldenburg Kontakt. Durch diese Beziehungen bekam ich einen Praktikumsplatz in der Klinik und hoffte, dort Diätassistentin lernen zu können. Doch das war gar nicht mehr möglich. Wegen der rationierten Lebensmittel konnte niemand in das Kochen einer richtigen Diät eingewiesen werden. Auch Debora war von der Klinik eingestellt worden und ebenso wie ich in der Küche tätig.

Nun waren wir beide der Munitionsfabrik entkommen und waren auch noch zusammen.

Als Köchin in der Oldenburger Frauenklinik

Es kam der 20. Mai 1943. Debora hatte Geburtstag und wurde ans Telefon gerufen. Unser Vater war dran und rief immer: »Theda het twee Wichter, twee Wichter!« Bei der ganzen Aufregung hatte er ganz vergessen, daß seine älteste Tochter Geburtstag hatte. Später rief er darum noch einmal an und gratulierte. Thedas Mann Uli war mit seinem Kutter zur Marine eingezogen und lag auf Borkum stationiert. Auch da rief mein Vater an. Als Uli zum Telefon ging, scharte sich seine Mannschaft um die Telefonzelle und war ganz gespannt. Als Uli aus der Zelle kam, setzte er sich schnell auf den nächsten Stein und stützte den Kopf in die Hände. Immer wieder sagte er: »Twee Wichter, twee Wichter.« Er bat gleich um Urlaub, und als er zu Hause ankam, war die Freude groß. Dankbar nahm er seine Theda in die Arme. Einfach war es ja nicht, nun gleich für zwei die Babyausstattung und einen großen Kinderwagen zu bekommen.

Da hatte ich so einen Riecher, wie an so etwas zu kommen sei. Bei uns lag in der ersten Klasse eine Dame, die zu Hause ein großes Haushaltsgeschäft und damit recht gute Beziehungen hatte. Sie meinte, sie bekäme Zwillinge. Vorsorglich hatte sie sich einen Zwillingswagen zurückstellen lassen. Das alles wußte ich gut, weil wir beim Fliegeralarm mit allen zusammen im Keller saßen und dann immer einiges mitkriegten. Als es soweit war, bekam sie nur einen Sohn. Na, dachte

Die »Twee Wichter« Hanna und Tomma

ich, da geh' mal gleich hin und gratuliere zum gesunden Jungen. Dabei kam ich auf mein Anliegen zu sprechen, daß doch meine Schwester Zwillinge bekommen hätte, und ob sie mir nicht den Wagen verkaufen könnte. Ja, das wollte sie wohl, aber zum Geld müßte auch noch Butter und Kaffee dazugelegt werden. Aber ich hatte ja nichts, da habe ich ihr einfach Räucheraale mitgebracht, und sie war's zufrieden. Ich war glücklich mit meinem Zwillingswagen, und Theda sollte es auch sein. Doch erst mußte er mal nach Neuharlingersiel geschafft werden. An meinem freien Tag machte ich mich per Bahn nach Hause auf. Ich fuhr in einem Abteil für Reisende mit Traglasten. Da immer Soldaten unterwegs waren und mir beim Umsteigen behilflich waren, flogen die Scherze nur so hin und her. Sie meinten, ob es nicht gut wäre, da käme nun mal was rein. Sie wollten wohl dafür sorgen ...

Wie groß war die Freude, als ich mit meinem Zwillingswagen zu Hause ankam. Gerade war mein Bruder Hermanus auf Urlaub. Sein Torpedoboot war in Norwegen bombardiert worden. Viele Kameraden waren dabei umgekommen. Hermanus wurde gerettet und bekam Sonderurlaub. Wie dankbar und glücklich die ganze Familie war, kann sich nur der vorstellen, der den ganzen Schlamassel mitgemacht hat.

Bald um Kopf und Kragen geredet

Ein Freund unserer Familie, der Künstler Otto Fisser, war in Bremen infolge eines Bombenangriffs abgebrannt. Ich kannte ihn schon als Kind, denn er war oft bei uns in Neuharlingersiel gewesen und hatte den Hafen, Land und Leute gemalt. Er war nun in Oldenburg untergekommen, und ich brachte ihm, sooft es ging, Fische von zu Hause. Wir verlebten manch' gemütlichen Abend zusammen. Auch mal in meiner Unterkunft. Nun gab es um 1943 fast jede Nacht Fliegeralarm. Alle sprangen auf, um die Mütter und ihre Kinder in den Luftschutzkeller zu bringen. Das war Schwerstarbeit. Ich habe sehr darunter gelitten, daß ich keine richtigen Schuhe hatte. Das eine Paar auf Zuteilung war immer schnell hin. Im Sommer gingen wir oft barfuß und im Winter auf Socken. Eines Abends kam der Alarm früher als sonst. Otto war gerade bei mir, und ich sagte, daß er nun mit in den Keller müßte. Da saß er nun bei den Frauen und machte seiner Seele Luft und schimpfte auf Hitler. »Der macht alles kaputt, Deutschland geht drauf und vieles mehr.« Das hörte eine 150 prozentige Nazifrau und meldete es anderntags der Oberschwester. Die Schwestern waren sowieso alle »braun«, und man mußte tüchtig aufpassen. Die Oberschwester sagte, daß sie das nun der Gestapo melden müßte. Ich flehte sie an und erklärte ihr, daß Otto Fisser doch Kunst studiert hätte, und als Künstler sähe man doch so einiges anders. »Lassen Sie es doch bitte!« In meiner Not um Otto wandte ich mich an den Chef des Krankenhauses. Zum Glück wurde die Nazifrau sehr bald entlassen, und es verlief gottlob alles im Sande.

Dem Führer Kinder geschenkt

Die Klinik durfte ihre Milch direkt vom Bauern beziehen, und manchmal konnten die Bauern auch Bohnen und Kartoffeln anbieten. Allerdings nur, wenn wir alles selber mit Pferd und Wagen abholten. Das konnte ich ja, und so bin durch die Stadt kutschiert und habe dabei noch zwei alte Tanten mitgenommen, so daß wir gut aufladen konnten und zusätzliche Verpflegung hatten. In der Klinik arbeiteten Hausschwangere als Handlangerinnen. Das waren unverheiratete schwangere Frauen, die bis zur Geburt für ihre Dienste und als »Lehrobjekte« kostenlos in der Klinik wohnen durften. Die Klinik war ja auch eine Hebammen-Ausbildungs-Anstalt. Einmal sagte ich zu so einer Hausschwangeren: »Nun schälen Sie mal Zwiebeln.« Da sagte sie doch glattweg: »Nein, ich schenke ja dem Führer schon das dritte Kind. Sie haben ihm sicher noch keines geschenkt.« »Nein«, erwiderte ich, »und das habe ich auch nicht vor.«

Im letzten Kriegsjahr kam die Küchenleiterin zu mir und sagte: »Kommen Sie mal mit, hier im Kanal liegt ein Frachtschiff, da kann man billig tolle Möbel und Geschirr kaufen. Ich habe schon einiges.« Ich habe mir das angesehen. Die Sachen kamen aus Holland und waren den Juden weggenommen worden. Da gab es Meißener Teller, die noch Reste von Tomatensuppe aufwiesen und mich ahnen ließen, in welcher Art und Weise die Teller weggenommen worden waren. Ich war zutiefst erschrocken und wandte mich ab. Kurze Zeit später war ich zum Tee bei der Küchenleiterin. Sie bot mir aus einer besonders schönen Dose Schokolade an. Ich sah mir die Dose genauer an und las »Gebitt Backje«, also Gebißdose. Ich sagte »Nein danke, aus dieser Dose nehme ich nichts, da haben die Leute nämlich immer ihr Gebiß drin aufbewahrt.« Die Küchenleiterin hat vielleicht geguckt!

Bei Nacht und Nebel nach Hause

Der Krieg näherte sich seinem Ende. Ich fragte, ob ich nicht nach Hause könnte. Debora war schon seit einiger Zeit zurück. Es wurden auch immer mehr Frauen nach Kreyenbrück verlegt. Mein Vater fragte sogar den Stabsarzt, aber es wurde abgelehnt. Kurze Zeit darauf mußte ich Medizin nach Kreyenbrück bringen. Wie ich an einer großen Kreuzung vorbeikam, sah ich ein großes Gerüst und daran hingen drei junge Soldaten mit einem Schild um den Hals: »Wenn du dein Vaterland verrätst, geht es dir genauso.« Es standen Frauen dabei, die weinten. »Es sind doch noch Kinder, die Angst hatten und darum desertierten.« Ich war so durchhin und verstand gar nichts mehr. In der Nacht packte ich meinen selbstgenähten Rucksack und verließ bei Nacht und Nebel die Klinik. Auf dem Pferdemarkt platzte der Rucksack. Ich habe alles in meinen Bademantel gewickelt und bin weitergelaufen. Ich dachte immer, wenn die merken, daß ich abgehauen bin, holen die dich zurück und hängen dich auch auf. Als erstes nahm mich schließlich ein Panzerwagen mit. Nach zehn Kilometern wechselte ich auf einen kleinen Laster. Zuletzt nahm mich ein Pkw mit zwei Offizieren mit, die mich in Jever absetzten. Von dort fuhr ich auf einem Ackerwagen bis Esens, wo mein Fahrrad stand. Am selben Abend kam ich zu Hause an, und die Freude war bei allen groß, und wie Mutter die Abendandacht hielt, zitierte sie den Bibelvers: »Ich will dich unterweisen und dir den Weg zeigen, den du wandeln sollst. Ich will dich mit meinen Augen leiten.« So war das mir ja widerfahren, und wir haben Gott gedankt.

Genau wie die 14- und 15jährigen mußte auch noch mein Vater zum Volkssturm. In den letzten Tagen lautete der Befehl, am Deich Stacheldraht anzubringen und die Hafeneinfahrt zu sprengen. Vater sagte: »Das fehlt uns noch. Unsere Häuser gehen mit hops.« Gott sei Dank haben die Männer diese unsinnige Aktion verhindert. Wie der Krieg dann einige Tage später zu Ende war, zogen Kanadier als Besatzung in Neuharlingersiel ein. Aber die gingen ganz human mit uns um.

Später stellten sich Offiziere ein, die in Wittmund lagen und mit Vater auf Seehundsjagd gehen wollten. Das war natürlich gut, so gab es für uns Sieler wieder Tran und auch das Seehundsfleisch. Besonders gut schmeckte die Seehundsleber. Beliebt waren bei den Offizieren auch Schollen und Seezungen. Geld wies Vater zurück, weil er damit nichts anfangen konnte. Aber Tee und Tabak waren sehr willkommen. Im November fing Vater noch Plattfische. Schon bald fror es Stein und Bein. Auf dem Dachboden ausgelegt, wurden die Fische zu Gefrierfisch und immer, wenn die Herren am Sonnabend bei uns reinguckten, ihre Tasse

Tante Sophie unterwegs (S. 10)

Rummelhörn, gemalt von Otto Fisser (S. 29)

Vaters Schiffsrelief über unserer Haustür (S. 41)

Christina und Johannes Rau vor meinem Haus *(S. 117)*

Johannes Rau in meiner Sonnenstube (S. 118)

Ich pflege Freunde und Blumen gleichermaßen (S. 120)

Tee tranken, bekamen sie Fische mit und ließen als Gegengabe Tee und Tabak da. Nie haben die Offiziere gefragt, woher denn die Fische kamen. Fischen war zu der Zeit unmöglich, weil der Hafen total zugefroren war. So haben wir die erste Nachkriegszeit ganz gut überstanden.

Magere Jahre in Hamburg

Wir hatten in Hannover liebe Bekannte. Es war das Jahr 1947. Die baten mich, ob ich nicht in Hamburg den Haushalt eines Witwers, dem gerade die junge Frau an Krebs verstorben war, mit drei Kindern im Alter von zwei, vier und sechs Jahren führen könnte. Die Nichte der Hannoveraner Bekannten wollte nach Ablauf des Trauerjahres den Witwer heiraten. Die Mutter der verstorbenen Frau wohnte in Celle. Mit der Zeit erkannte ich, wie streng und überaus sparsam der Witwer war. Insgeheim dachte ich schon, was das wohl noch werden würde... Damals gab es noch Lebensmittelkarten. Zwischendurch schickte mir meine Mutter immer Freßpakete, und damit konnte ich den Speisezettel aufbessern. Ich hatte ja gelernt, aus wenig viel zu machen. Zuerst habe ich mal dafür gesorgt, daß die Kinder gut zu essen bekamen.

Nach Ablauf des Jahres heiratete der Mann noch immer nicht. Ich habe ihn sogar danach gefragt, aber er sagte, daß die Elfriede nicht die richtige Frau wäre.

So langsam ging mir ein Licht auf. Er hatte mich des öfteren zu Konzerten eingeladen, aber dadurch war er mir auch nicht sympathischer geworden. Zwar waren mir die Kinder ans Herz gewachsen, und darüber war die Oma ganz froh, die nämlich nie kommen durfte, weil sie angeblich die Kinder verwöhnen würde. Ich durfte noch nicht mal mit den Kindern zur Oma nach Celle fahren.

Eines Tages stellte der Arzt fest, daß die Kinder zur Erholung für vier Wochen an die See müßten. Ich schlug vor, die Mädchen ins Hindenburgheim zu geben, wo Debora die Küche leitete, und ich wollte den Jungen zu mir nach Hause nehmen. In dieser Zeit luden wir die Oma zu uns ein, und so konnte sie zumindest mit einem Enkel zusammen sein. Für sie waren die Kinder das einzige, was sie noch nach dem Tod der Tochter hatte. Schon bald darauf heiratete der Witwer, und ich war frei.

Wie mein Blinddarm das Sturmgeläut der Glocken verhinderte

Am 5. November 1949 heiratete mein Bruder Hermanus Lisa Graalmann aus Werdum. Zu der Zeit war ich noch in Hamburg, bekam aber zur Hochzeit meines einzigen Bruders Urlaub. Schon in Hamburg hatte ich öfter Blinddarmreizungen, und als ich zur Hochzeit losfuhr, dachte ich, wenn das man gutgeht. Der Hochzeitstag kam, und ich stand als Trauzeugin mit am Altar in unserer schönen Werdumer Kirche. Aber mir ging es gar nicht gut. Nur mit Mühe überstand ich die Trauung. Danach habe ich mich gleich in Oma Graalmanns Bett gelegt. Alle fragten: »Was hat denn Sophie, die sah ja so blaß aus?« »Ach«, sagte ich, »was Frauen nun mal so haben.« Mehr nicht, um ihnen nicht die Freude am Feiern zu verderben. Nachts um 24.00 Uhr kam meine Mutter zu mir: »Stell' dir vor, die jungen Leute wollen die Kirchenglocken läuten. Das geht doch nicht. Das können wir doch nicht zulassen!« »Mutter«, sagte ich, »sag' denen man, sie sollen einen Krankenwagen bestellen. Ich muß sofort ins Krankenhaus, gleich platzt mein Blinddarm.« Da waren alle geschockt. Die Feier war sofort vorbei, und ich bin noch in der Nacht operiert worden. Am nächsten Morgen stand in der Zeitung: »Von der Hochzeitstafel auf den OP-Tisch.«

Im nächsten Jahr wurde dann der Stammhalter geboren. Hermanus fragte unseren Vater: »Wie soll der Junge denn heißen?« Prompt erwiderte der: »Wilhelm-Hermanus«. Am 10. 12. 1953 wurde Tochter Antke geboren, und die Freude über so ein süßes Mädchen war groß. Die Familie meines Bruders wohnte oben in unserem Elternhaus.

1950 kam ein guter Bekannter zu mir und erzählte, daß im Kinderheim der Stadt Hannover, in der Stranddistel, wo er Verwalter war, ein Schwesternpaar tätig war. Die eine davon leitete die Küche. Ihr Speisezettel wäre so wenig abwechlungsreich, daß er etwas Schwung gebrauchen könne, und den erhoffte er sich durch meine Mitarbeit. Aber da hatte er die Rechnung ohne diese Schwestern gemacht. Auf meine Vorschläge gingen sie gar nicht ein. Jedes Essen mußte eine Stunde vor der Ausgabe fertig sein. Selbst das Brot für den Nachmittag wurde morgens geschmiert und sah am Nachmittag wie ein krummer Kahn aus. Ein bißchen mag ich ja erreicht haben, aber nach einem Sommer sagte ich dann der Stranddistel ade. In diesem Sommer war ich 30 Jahre alt geworden und hätte nun gerne etwas Festes gehabt. Als ich auf der Heimfahrt nach Neuharlingersiel war, sprach mich Minnie Otte an. »Da ist ja Sophie!« Sie kannte mich von der Haushaltungsschule in Springe von 1936, wo meine Schwester Küchenleiterin gewesen war und ich die Schule besucht hatte. Das war eine gute Zeit gewesen.

Minnie Otte erzählte mir dann, daß das Landesjugendpfarramt das Quellerdünenheim auf Spiekeroog wieder zurückbekommen hätte, und sie es im nächsten Sommer wieder belegen wollten. Ob ich nicht kommen könnte. In Neuharlingersiel besprachen wir das dann alles mit meinen Eltern bei einer Tasse Tee.

Die Arbeit in Quellerdünen beginnt

Im März 1951 setzte ich nach Spiekeroog über. Aus Hannover war eine Gilde mit zehn jungen Männern und ihrem Leiter gekommen. Heute würde man sie als eine Arbeitsloseninitiative bezeichnen. Sie setzen das Haus in Stand und halfen bei der Einrichtung. Als Aufsicht war eine Gemeindehelferin bestellt. Sie konnte zwar sehr gut Andachten halten, aber von Haushalt und allem, was dazugehörte, hatte sie wenig Ahnung. Aber ich dachte, was die sagt, hat zu geschehen.

Die jungen Leute mußten vom Schiff am Anleger der Lietzschule das Mobiliar auf das Pferdefuhrwerk laden, rüber nach Quellerdünen kutschieren und dort alles abladen. Eine Arbeit, die in die Knochen ging. Dazu gehörten auch große Ballen Stoff, was hieß, ich mußte auch Gardinen nähen. Auch auf diesem Gebiet war die Frau fehl am Platz. Schlimm war aber auch,

CVJM-Heim Quellerdünen im Osten von Spiekeroog

daß ich überaus sparsam kochen mußte und alle verbrauchten Lebensmittel genau aufzuschreiben hatte. Abends war ich nicht nur todmüde, sondern auch immer ganz traurig, daß ich nicht frei arbeiten konnte. Mir ging es richtig schlecht. Ein Insulaner hat dann meine Eltern angerufen: »Sophie sieht so schlecht aus und ist gar nicht mehr fröhlich. Die ist krank.« Und so war es. Ich war seelisch am Ende. Mutter schickte Dr. Fleischmann und der hat mich sofort ins Krankenhaus eingewiesen. Zwar hatte vier Wochen zuvor Pastor Sprengel angerufen, der von meinen Schwierigkeiten Wind bekommen hatte und mich dabei unterstützen wollte, es so zu machen, wie ich es für richtig hielt. Aber da war es schon zu spät.

Drei Wochen war ich im Krankenhaus und wollte gar nicht wieder zurück ins Quellerdünenheim, wo ich doch mit soviel Freude die Aufgabe übernommen hatte! Schon wurde ich gefragt, ob ich nicht in einem anderen kleinen Spiekerooger Pensionsbetrieb arbeiten wollte. Aber es war meine Schwester Debora, die nein sagte: »Du gehst wieder in dieses Quellerdünenheim. Du schaffst das!« Im Krankenhaus besuchten mich Minnie Otte und Pastor Peters und waren sehr erschrocken. »Wie haben einen großen Fehler gemacht und Ihnen die falsche Mitarbeiterin geschickt.« Sie baten mich inständig, doch wieder zurück ins Heim zu gehen. Ich gehorchte vor allen Dingen wegen meiner Schwester.

Inzwischen hatte man Ida Sommer, Minnie Ottes rechte Hand, beauftragt, mich zu vertreten. Es hatten sich schon die ersten Gruppen angekündigt und reisten an. Mit etwas gemischten Gefühlen nahm ich meine Arbeit wieder auf. Auch da habe ich wieder festgestellt, wie gut es ist, den Glauben zu haben. Ich hatte so darum gebetet, daß ich Kraft bekomme, um meine Arbeit fortführen zu können. Ich kehrte zurück. Eine ganz freundliche Ida Sommer nahm mich in Empfang, und wir haben uns auf Anhieb verstanden. Wir schaff-

Meine Eltern zu Besuch in Quellerdünen (1952)

ten alles gemeinsam so gut, als hätten wir nie etwas anderes gemacht. Natürlich hatte Ida Sommer ja einen ganz anderen Beruf, und ich merkte oftmals, daß sie richtig kaputt war, und hatte manchmal ein bißchen schlechtes Gewissen, weil sie ja meinetwegen die Strapaze auf sich genommen hatte. Wir Zwei haben noch einige Wochen zusammengearbeitet, und ich war wieder die alte fröhliche Tante Sophie. Dieser Name hatte sich für mich eingebürgert.

Mir zur Seite standen damals drei Haustöchter und während der Hauptsaison ein Kalfaktor, eine Art Hausmeister, der alle neben der Küche anfallenden Arbeiten anpackte. In der allerheißesten Zeit kamen noch Studentinnen dazu, die für Kost und Logis Brote schmierten. Wir fingen mit Kindererholungsfreizeiten an. Im Haus brachten wir 120 Gäste unter. In den niedersächsischen Schulferien reisten mit Sack und Pack noch mal 130 Leute zum Zeltlager an. Zu den Gästen gehörte auch immer wieder eine CVJM-Gruppe, die meistens von Diakon Karl Hartig begleitet wurde. Da entbrannte zwischen uns ein regelrechter »Fahnenkampf«. Ich hatte immer am Fahnenmast die Fahne mit dem Kreuz auf der Weltkugel, das Zeichen der evangelischen Jugend, aufgezogen, und wenn Hartig kam, setzte er darüber die Fahne des CVJM. Sah ich das, holte ich sie runter und tauschte sie um. Unser Kalfaktor unterstützte mich. Wir waren der Meinung, daß die evangelische Jugend »über allem stand« und der CVJM wie die CP (Christliche Pfadfinderschaft) als Teil dazugehörte.

In den Zeltlagern wechselten sich Jungen und Mädchen im dreiwöchigen Rhythmus ab. Bald hatten wir es spitz, daß die Bande in der ersten Woche ganz normal aß, in der zweiten regelrecht fraß und dann wieder eine Normalwoche dranhängte. Wir stellten uns mit der Kocherei darauf ein. Es waren ständig Unmengen von Lebensmitteln zu kalkulieren, zu bestellen und auch zu lagern. Dabei hatten wir weder eine Gefriertruhe, noch eine große Kühlkammer, nur den Kühlkeller in den Dünen. In der Küche stand ein großer Kohleherd, der bei Ostwind die Küche verqualmte und uns in der Sommerhitze den Schweiß in Strömen laufen ließ. Wenn ich für alle 120 Leute im Haus Fisch

Unser »Fahnenkampf« zwischen dem CVJM und der Evangelischen Jugend

braten wollte, fing ich schon morgens nach dem Frühstück mit dem Braten in sechs großen Pfannen an. Für alle, drinnen und draußen, konnten wir nur Fischgulasch machen. Jeden Tag mußte unser Kalfaktor, zuerst war es Helmut Hartmann, später Horst Kahl, zum Bahnhof des Inselbähnchens und zu den Kaufleuten, um die bestellten Lebensmittel abzuholen. Dann spannte er unser Pferdchen »Queller« vor den Wagen und kutschierte los. Manchmal fuhr auch ich, und zwar immer dann, wenn ich Rechnungen im Dorf zu bezahlen hatte. Das hieß, ich bewahrte recht viel Bargeld in meiner Kammer auf. Viele Freizeitleiter bezahlten nämlich bar. Wenn nicht, holte ich mir Geld von der Kreissparkasse und ging damit ins Dorf zum Bezahlen. Auf einer der Rückfahrten passierte es dann: Plötzlich wehte über die Düne ein weißer Plastiksack

Mit »Queller« unterwegs

direkt vor »Quellers« Nase. Er erschrak und preschte los. Vor seinem Stall angekommen, fiel er um. Ich hatte mich auf dem Kutschbock halten können, war aber auch ganz durchhin.

Dies und das aus dem Alltag in Quellerdünen

Unser Tag begann in aller Frühe. Bis 6.00 Uhr lieferte der Bäcker Brötchen und Brot an. Dabei wechselten sich die Inselbäcker Frerichs und Folkers ab. Bäcker Frerichs hieß im Dorf »Mein Didi«, weil sein Großvater ihn bei Auseinandersetzungen in der Dorfjugend in Schutz nahm und immer sagte: »Wenn ihr Mein Didi was tut, dann könnt ihr was erleben.« So war Dietrich Frerichs ab sofort bei allen nur noch »Mein Didi«. »Mein Didi« schenkte mir einmal zum Geburtstag eine Torte mit der Aufschrift »Herzlichen Glückwunsch Dein Mein Didi«. Was haben wir gelacht.

Wir schmierten damals für morgens, nachmittags und abends die Brote. Wenn nämlich die Kinder selber schmierten, wäre viel mehr an Aufstrich verbraucht worden. Bei Erwachsenenfreizeiten haben wir natürlich alles auf den Tisch gestellt.

Als Abschiedsgruß gab es für alle im Haus und in den Zelten am letzten Sonntag einen belegten Obstkuchen. Die Woche zuvor backten wir die Böden, und am Sonnabend nach Feierabend verzierten die Haustöchter in ihrer Freizeit die Torten mit Buttercreme, genau gesagt halb Butter, halb Margarine. Wie wir immer mit der Einschüttmenge von 1,50 DM pro Tag und Person auskamen, grenzte manchmal schon an ein Wunder. Viel verdienten wir alle nicht. Den Hausmädchen zahlte ich 25 DM im Monat aus. Ich bekam 100 DM, nach fünf Jahren gab es 30 DM mehr. Am Schluß meiner Tätigkeit hatte es sich auf 160 DM erhöht. Der Landesjugenddienst trug noch dazu die Sozialversicherung. Alles in allem schlug sich das für die spätere Rente sehr gering nieder. Zu der Zeit konnte ich das aber noch nicht im voraus überblicken. In den Wintermonaten ging ich damals immer nach Bremerhaven. Sie bezahlten mich dort besser und die Arbeit war leichter. Trotzdem schlug ich es immer aus, auch den Sommer über dort zu bleiben.

Besuch der Lietzer Abiturientenkühe

Eines Morgens schaute ich wie üblich vor die Tür ins Wetter und entdeckte dabei vier leere Säcke. Sie trugen nur noch die Spuren von Weißkohl und Kartoffeln. Was war geschehen? In der Nacht waren die Kühe der Hermann-Lietz-Schulen, wir nannten sie die »Abiturientenkühe«, bei uns gewesen und hatten die Säcke leergefressen. Oh nein, wie sollte ich dieses Dilemma beheben? Es war nämlich nicht eben mal möglich, das abhanden gekommene Essen am selben Tag zu ersetzen. Zum Glück hatte ich immer eine eiserne

Ration an Reis und Nudeln liegen. Nach dem nächtlichen Freßbesuch stellte ich mich schnell auf Nudeln und Fleischsoße um.

Ein andermal winkten wir unserer abreisenden Freizeitgruppe nach. Nachdem wir die Bettlaken von den Dünen herab geschwenkt hatten, gingen wir zum »Schummeln« ins Haus zurück. Morgens hatte ich vorsorglich im »dicken Emil«, einem 300-Liter-Kessel, Kakao gekocht und gleich soviel, daß ich vom Rest vier Eimer abfüllen konnte, um die nächste Gruppe mit Schokoladensuppe zu empfangen. Die Kakaoeimer

Wir melken eine der »Abiturientenkühe« der Hermann-Lietz-Schule

»Was, du bist erst 33?«

hatten wir in den kühlen Dünenkeller gestellt. Bei einem Kontrollgang zwischen dem ganzen Hausputz ging ich mal nach draußen und sah von einer Kuh das Hinterteil aus dem Dünenkeller ragen. Ich sauste hin, und da hatte doch tatsächlich die Kuh die Eimer leergesoffen oder auch umgestoßen. Mit einiger Anstrengung zog ich sie am Schwanz nach hinten weg. Ich fackelte nicht lange, holte mir einen Schemel, ergriff die Eimer und melkte die Kuh leer. Zwar gab sie keinen Kakao, aber ich hatte wenigsten die Milch wieder. Der Hermann-Lietz-Schule sagte ich am Telefon, daß sie diese Kuh am Abend nicht mehr melken müßten.

Aus Kindermund und Freizeiterinnerungen

Ein Erlebnis mit einem kleinen Jungen ist mir bis heute unvergessen. Ich war gerade 33 Jahre, als mich ein Steppke nach meinem Alter fragte. »Was, 33 bist du erst, ich dachte, du bist 65!« »Aber guck mal mein Junge«, erwiderte ich, »sehe ich denn so alt aus?« »Nein, aber was du alles kannst und für uns tust«, überlegte der Kleine, »da dachte ich, das kann man nur, wenn man schon viele Jahre alt ist.«

Über eine Schülerinnenfreizeit berichtete Helge Bredemeyer folgendes:

Anfang der 50er Jahre lebten die Jugendgruppen in den evangelischen Kirchengemeinden auf, so auch in der Nazarethgemeinde in Hannover. Dort leitete die Gemeindehelferin Hanna Schultzen eine Schülerinnengruppe. Als Zehnjährige und im ersten Jahre Schülerin des St.-Ursula-

Die Herausgeberin als zehnjährige Freizeitteilnehmerin beim Kartoffelschrubben hinter der Küche (in der Mitte hinten)

Gymnasiums, rutschte ich noch zum Schluß in eine Freizeitgruppe, die mit Hanna Schultzen nach Spiekeroog zur Sommerfreizeit ins Quellerdünenheim fuhr. Mit Begeisterung nahmen wir 30 hannoverschen Mädchen das Heim an. Die Großen schliefen in einem für mich riesigen Schlafsaal, ich als Jüngste mit ganz wenigen in einem kleinen Zimmer. Damit wir mehr Ruhe bekämen.

Geführt wurde das Heim von »Tante Sophie«, die Küchenfee und Hausmutter in einer Person verkörperte. Die verschmitzte Insulanerin strahlte förmlich vor freudiger Einsatzbereitschaft. Der Küchendienst war sehr beliebt, denn Tante Sophie rückte zur Wonne der Küchengruppe mit Schrubbern und großer Zinkwanne an, in der die Kartoffeln geschrubbt werden mußten. Ein herrlicher Spaß unter freiem Himmel.

Tante Sophie stand mit den Leiterinnen auf gutem Fuß. Oftmals verschwanden alle bei ihr im Zimmer, wo es echten ostfriesischen Tee gab, der die Lebensgeister wieder weckte und die Leiterinnen im Verein mit Tante Sophie neue Ideen zur Beschäftigung der Mädchen ersinnen ließ. Und dann sollte endlich eines Tages das große Geländespiel stattfinden. Bunte Kreppbänder zeigten den Weg an und deuteten auf versteckte Botschaften. Ganz nach Art der Pfadfinderinnen, denn Hanna Schultzen war auch eine EMP-Führerin und wurde später sogar die Bundesmeisterin im Evangelischen Mädchen Pfadfinderverband.

Kreuz und quer führte der Weg durch das naheliegende Wäldchen, aber auch durch die Dünenlandschaft. Das hieß aber, verbotenes Land zu betreten. Überall konnte der

Dünenwärter lauern. »Leute, seid auf der Hut und beeilt euch!« Aber nur keine Bange, der gefürchtete Dünenwärter saß fest und sicher bei Tante Sophie, und da gab es außer dem berühmten Tee die noch bessere »Bohnensuppe«, die, Rosine für Rosine in Weinbrand getränkt, auch als ostfriesischer Taufschnaps bekannt ist und in diesem Fall die Jagd auf unerlaubte Dünenwanderer vergessen ließ. Noch abends schwärmten alle von Tante Sophies Verführungskünsten und über das gelungene Geländespiel.

Durch Eigenleistung dem OP-Tisch entkommen

Es war im September 1929, als ich, wie immer vor der Schule, die Milch für den Tag bei Tante Lissi und Onkel Cassen abholte. Sie hatten zwei Kühe und konnten uns mitversorgen. Onkel Fritz und Onkel Cassen wollten an diesem Tag das lange Gras auf dem Deich mähen. Sie waren dabei, ihre Sensen zu schärfen. Unglücklicherweise übersah ich eine der schon geschärften Sensen, die am Haus lehnte und stolperte über sie. Sie schnitt mir tief in den rechten Fuß. Vater, als Sanitäter im ersten Weltkrieg eingesetzt, meinte gleich: »Es sieht so aus, als hätte das Messer Sophies Sehne am großen Zeh durchtrennt.« Sofort fuhr er mit mir zum Arzt nach Carolinensiel. Der bestätigte seine Diagnose. Im Krankenhaus von Wittmund wurde ich operiert und mußte drei Wochen dort liegenbleiben. »Oh, was hatte ich

Beim »Schummeln«

für großes Heimweh!« Doch am Ende war der Zeh – gottlob – wieder heile und voll beweglich.

27 Jahre später stellte ich plötzlich fest, daß ich meinen großen Zeh gar nicht mehr bewegen konnte. In den offenen Sandalen hatte der nach oben gebogene Zeh nicht gestört, aber in die Winterschuhe kam ich mit ihm gar nicht hinein!

Ich ging zu unserem Heimarzt Dr. Fleischmann. Der meinte, daß sich die Sehne verkürzt hätte und ich deswegen operiert werden müßte. Er machte gleich für den November einen Termin im Wittmunder Krankenhaus fest.

Doch erst mal mußte ich die Arbeit in Quellerdünen beenden. Ende Oktober stand »das Schummeln« (Großreinemachen) an. Beim gründlichen Putz kamen auch die Tische und die großen Zwischenplatten dran. Ich wollte dabei eine dieser Platten zum Trocknen an die Wand stellen, da rutschte mir die schwere Platte aus den Händen und fiel genau auf den bewußten Zeh. Ich hörte die Engelein im Himmel singen und dachte: »Nun ist alles aus.« Trotz Kühlen wurde der Zeh dick und tiefblau. Nach einer ganzen Weile bewegte ich meinen Fuß und stellte plötzlich fest, daß ich meinen Zeh wieder für sich bewegen konnte: rauf und runter. Allmählich schwanden Schmerz und blaue Farbe. Ich rief Dr. Fleischmann an und erzählte, daß ich nun nicht mehr ins Krankenhaus müßte. Ich hätte die Sache mit dem Zeh selbst erledigt. Er konnte seinen Augen nicht trauen, als er sich den Fuß ansah. »Das hast Du gut gemacht. Ich melde Dich im Krankenhaus wieder ab.« Was war ich froh und dankbar! Und die Krankenkasse sicher auch, denn sie sparte durch mich eine Menge Geld.

Der 17. Juni 1958 war ein ganzer schlimmer Tag für uns alle. Zu der Zeit hatte ich eine Gruppe sozialschwacher Kinder aus Syke aufgenommen. Sie waren mit einem Herrn gekommen, der vor Jahren sein Abitur in der Lietzschule gemacht hatte und inzwischen Kreisdirektor in Syke geworden war. Da noch keine Schulferien waren, konnten wir die 40 Kinder mit ihm und drei Helfern zu einer Erholungsfreizeit aufnehmen. Ich fand das auch gut, auf diese Weise freie Plätze zu belegen. Nach meinem Geburtstag, wo sie mir alle ein Ständchen und lauter schöne gebastelte Sachen gebracht hatten, brach der 17. Juni an. Er wurde zu meinem schwärzesten Tag auf der Insel. Am Mittag

Badevergnügen am Nordseestrand

war noch eine Gruppe kirchlicher Mitarbeiter aus Leipzig angekommen, die von Pastor Wunderlich mit Minna Wölke und drei Mitarbeitern geleitet wurde. Sie standen gerade bei mir in der Küche, um mit mir ihre Freizeitpläne durchzugehen. Das Küchenfenster stand weit auf, und da sah ich den Herrn mit den Freizeitkindern vorbeiziehen.

»Hallo, es ist so ein heißer Tag, Tante Sophie, wir wollen baden gehen!« Ich sah zur Uhr und rief: »Sie dürfen nicht mehr, die Badezeit ist schon vorbei!« Aber der winkte nur ab und zog weiter.

Ich sagte zu den Leutchen in der Küche: »Also so was, ich habe ihm doch gesagt, daß er zuerst noch mit seinen Kindern Dr. Fleischmanns Vortrag anhören muß, bevor er baden geht. Das ist doch bei uns die Regel.« Dr. Fleischmann erklärte immer allen Gruppen persönlich, wie gefährlich das Baden in der Nordsee und das Sonnenbaden sei. Doch der Herr aus Syke lehnte diesen Vortrag ab und sagte, daß er als ehemaliger Lietzschüler die Nordsee genau kenne und keinen Vortrag nötig habe. Naja, er mußte es ja wissen. Er trug die Verantwortung.

Nach einer Dreiviertelstunde kam ein Junge angerannt. »Tante Sophie, komm' schnell, ein Junge ist wahrscheinlich ertrunken.« Ich rief sofort bei den Rettungsschwimmern der Insel an, ebenso bei den Mitarbeitern der Hermann-Lietz-Schule, die ganz schnell mit Tragen anrückten und zum Strand weiterliefen. Dann bin ich auch los. Mir kamen bald zwei Helfer mit einem Jungen auf der Trage entgegen. »Oh«, rief ich, »Gott sei Dank, er lebt.« Ich bin mit nach Quellerdünen zurückgegangen und habe den Jungen versorgt. Auch die Gruppe aus Leipzig war gleich losgelaufen. Sie kamen mit einem Jungen auf einer Trage zurück, der tot war. In Begleitung waren viele der verstörten Kinder aus der Freizeit. Wo ihn bloß unterbringen? In unserer Not legten wir ihn erst mal in die Waschküche. Dann traute ich meinen Augen nicht, da brachten die Helfer noch einen zweiten toten Jungen. Ein Begleiter sagte, daß sie noch Ursula vermißten. Ihre Kleider lägen noch am Strand, so hätten sie es gemerkt. Mir wurde ganz anders, der Herr hatte keine unserer Regeln befolgt, auch die nicht, die Kinder vor und nach dem Baden abzuzählen.

Pastor Wunderlich ging daraufhin mit einigen Helfern wieder an den Strand und wartete die fortschreitende Ebbe ab. Gegen 9.00 Uhr abends fanden sie dann auch das Mädchen, nachdem sie einen Priel durchwatet hatten. Dafür muß ich ihnen noch heute ein großes Lob aussprechen, denn die Ungewißheit über den Verbleib des Mädchens hätte uns die ganze Nacht durch gequält.

Wir haben dann alle drei Kinder gewaschen und ihnen saubere Kleider angezogen und sie in Klasings Bootsschuppen gebracht. Eine andere Leichenhalle hatten damals die Insulaner noch nicht. Die Leipziger haben anderntags die Halle geschmückt und Pastor Göbel aus Hannover, der auch mit einer Freizeit da war, hielt eine Andacht.

Am Unglückstag war Dr. Fleischmann abends herübergekommen, um den in letzter Minute geretteten Jungen und den völlig zusammengebrochenen Verantwortlichen zu versorgen. Anderntags reisten die Väter der toten Jungen an. Ursels Mutter war unfähig zu kommen. Zwei Tage nach dem dreifachen tödlichen Badeunfall reiste die gesamte Gruppe ab.

Alles hatte ein gerichtliches Nachspiel. Im Januar 1959 mußte ich zur Gerichtsverhandlung nach Aurich. Ich wartete im Flur darauf, als Zeugin aufgerufen zu werden. Eine Zeitlang saßen neben mir die Väter und sagten, wie gemein sie es fänden, daß der Herr mir die ganze Schuld in die Schuhe schieben wollte. Der Verteidiger wollte dann auch wirklich darauf hinaus, daß ich den Herrn zu mir hätte reinbitten müssen, um ihm zu sagen, wie gefährlich das Baden bei Ebbe sei.

Na, da habe ich mich aber gewehrt und mit Nachdruck gesagt, wie der Herr sich gegen den Vortrag von Dr. Fleischmann gesträubt und ihn abgelehnt hätte, weil er ja selbst klug genug sei. Zum Glück hatten auch die Leipziger Freizeitleiter mitangehört, wie ich den Herrn durchs Küchenfenster gewarnt hatte. Wie sollte ich das wohl auch noch machen, neben meinem Dienst in Küche und Haus für die Kinder alle Verantwortung zu tragen! Für die Haustöchter war selbstredend ich verantwortlich. Der Herr wurde zu acht Monaten Gefängnis verurteilt. Auf Bewährung ...

Spaß mit der Kilometerstein Philo-Sophie

Im Herbst hielten immer die Kreisjugendpastoren und Gemeindehelferinnen ihre Freizeiten ab. Auch diese Damen und Herren mußten ihren Küchendienst ableisten und taten das mit viel Spaß. Wenn die Pastoren da waren, setzte sich Pastor Schulz auf den dicken Kochkessel »Emil« und spielte Trompete. Zu allen Abschiedsabenden waren wir eingeladen und hatten trotz so vieler Arbeit immer unseren Spaß. Alle zogen sich dann gegenseitig durch den Kakao. Einmal besuchte ich abends mit Diakon Waldemar Heute eine gemeinsame Bekannte im Dorf zu einer Geburtstagsfeier. Der Heimweg war recht lustig, und den hat Pastor Heinz Dreher in Gedichtform wie folgt geschildert:

Kilometerstein Philo-Sophie

Auf Spiekeroog, der Nordseeinsel, im
Meergebraus und Sturmgewinsel,
steht einsam und allein ein Kilometerstein.
Sehr selten nur wird er von Hunden, die ihn benutzen, aufgefunden.
So einsam und allein steht der besagte Stein.
Ein Stein, kein Stein besond're Art, nun ward' in einer dunklen
Nacht plötzlich berühmt gemacht.

Der Tatbestand ist nicht genau bekannt, man
spricht von einer Frau,
mit Namen und mit Rang in dem Zusammenhang.
Der Regen floß vom Himmel nieder, Sophie kam
vom Geburtstag wieder,
am Hals hing eine Tasche, darin war eine Flasche.
Man sagt, sie sei nicht ganz allein genaht dem
Kilometerstein,
weil, das ist jedem klar, die Nacht so dunkel war.
Ein Mann mit Prinz Eugen Figur kam mit von der
Geburtstagstour
und führte sie galant an ritterlicher Hand.
Die Blitze zuckten gelb und grell, der Donner
grollt' mal dumpf – mal hell,
doch trotzen der Gefahr Sophie und Waldemar.

Er weiß gar manchen Scherz und Witz, jedoch bei
einem Kugelblitz,
durchfährt ihn jäher Schreck: »Sophie, Sophie ist
weg!«
Es muß schon Geisterstunde sein, dort ragt empor
ein weißer Stein.
Und unterm Fuß das Weiche ist sicher eine Leiche.
Das ist dem sonst so starkem Mann zuviel, er läuft,
was er nur kann
und Sophie liegt allein am Kilometerstein.
Doch bald sie sich dem Schlamm entringt
und den entgleisten Körper bringt ohne ein Wort
der Klage in vertikale Lage.

Dann hat eilig aus der Tasche sie die oben schon benannte Flasche
zum Trunk herausgezogen, doch die war leicht verbogen.
Voll Trauer mit zerschund'nem Bein sitzt auf dem Kilometerstein –
Sophie und wartet hier auf ihren Kavalier.
Sehr bald darauf kam Waldemar, da er im Kreis gelaufen war, –
dieweil kein Mondenschein – zum Kilometerstein.
Sophie schnell auf den Beinen stand, vermittelst ritterlicher Hand.
Drauf gingen sie zu Zweit vom Kilometerstein.
»Kein Wort von der Geschichte«, sie sprach, »ich je berichte.«
Doch als es langsam wurde heller, kam zum Präriehengst namens Queller
zur mitternächtlicher Stund' ein Spiekerooger Hund.

Dem hatte eine Kuh mit Herz berichtet von Sophiens Schmerz.
Zufällig war um ein Uhr jene Kuh am Stein.
»Hihihi«, Queller wiehert laut heraus,
so weiß im Nu das ganze Haus, was Sophie widerfuhr des nachts um ein Uhr.
So geht in die Geschichte ein der 0,5 Kilometerstein
und das zerschund'ne Schienenbein von der Sophie.

Und noch ein Gedicht von Pastor Heinz Dreher aus seinem Buch »Ver-Dichtung – eine unhistorisch-kritische Methode«:

HAGIA SOPHIA (1959)

Melodie: Eine Seefahrt, die ist lustig

Tante Sophie in der Küche
- Leila, Doris sind dabei -
produziert die Wohlgerüche,
Labskaus, Bratfisch, Haferbrei.

Wenn jedoch man diese Küche
mit viel Lärmen mißgebraucht,
wird geklopft und werden Flüche
durch die Zwischenwand gefaucht.

Doch die Mißgebraucher waren
durch den Sand und Inselstaub,
durch ein dickes Fell und Klaren
ganz auf beiden Ohren taub.

Schließlich Tante Sophie schlief dann.
Mit zur Faust geballter Hand
schalt sie, als sie dicken Mief dann
morgens in der Küche fand.

Aber hoch ist sie zu preisen,
weil ihr Zorn gar bald erlosch
und nicht mit dem Waffeleisen
sie der Täter Heck verdrosch.

Blondgeknotet, vorn mit Schürze,
strahlt sie wieder, lacht sie hold,
als sie Gurken, Speck, Gewürze
- zack! - in die Rouladen rollt.

In Istamburl - jeder kennt es -
ward ein Denkmal ihr erstellt.
Hagia Sophia nennt es
jeder in der ganzen Welt.

Und so ist sie und so bleibt sie
allen, die herbeigereist,
ob beweibt, ob unbeweibt sie,
Schwester, Mutter, guter Geist.

Von Quellerdünen ins Ludwig-Kayser-Heim

1925 hatte Landesjugendpastor Ludwig Kayser eine gute Idee. Er wollte den Kindern aus der Großstadt die Möglichkeit schaffen, sich auf der Insel in der guten Nordseeluft zu erholen. »Erholung an Leib und Seele« wäre wichtig. Auf seine Initiative hin entstanden zwei Heime. Einmal Quellerdünen im Osten der Insel, das hauptsächlich aus Geldern des CVJM finanziert wurde, und das Gertrud-von-Hindenburg-Heim im Inseldorf. Das letztere wurde so benannt, weil die Frau des Reichspräsidenten von Hindenburg eine größere Summe dafür spendete. Die Fäden für beide Heime liefen im Landesjugendpfarramt Hannover zusammen. Nun kam noch ein drittes Haus dazu.

Unsere Runde mit Waldemar Heute

Nahe der damaligen Strandhalle, hoch in den Dünen in wundervoll bevorzugter Lage, besaß Frau Schreiber, geb. Klasing, ein Kinderheim und wollte es 1958 aus Altersgründen schließen. Zum Heim gehörte noch im Dünental davor ein kleines Pumpenhäuschen. Eine Art Baracke, in der 15 Leute unterkommen konnten. Frau Schreiber bot ihr Haus dem Landesjugendpfarramt an. Der Verkauf klappte, und somit ging eins der am schönsten und besten gelegenen Grundstücke an die evangelische Jugend der Landeskirche. 1969 wurde noch der Grundstein für die Erweiterung gelegt, und es entstand neben dem Sachsenhain bei Verden der zweite Evangelische Jugendhof in der Landeskirche. Ein Juwel für Freizeiten, Seminare und Treffen. Die Inselgemeinde Spiekeroog sah das manchmal mit gemischten Gefühlen, aber die jungen Leute vom Jugendhof, wie auch alle anderen Kinder aus den Kuren, werden, wie Bürgermeister Martin Hansen sagte, zu den Gästen von morgen. Und wie recht er hatte, denn bis heute begrüßen mich Inselgäste in meinem Haus Lüttpad 4, die früher Haustöchter, hauptamtliche Mitarbeiter oder Freizeitkinder gewesen waren.

Frau Schreibers Haus erhielt den Namen des Jugendpastors Ludwig Kaysers. Wer sollte oben die Küche führen und als Hausmutter agieren? Minnie Otte fragte mich, und ich willigte ein. Die Küche war zwar klein, aber als ich eine große Standbratpfanne eingebaut bekam, fand ich alles »toll«. Minnie Otte und Professor Steinwand empfingen mich am 1. Oktober 1958 mit

Debora, Minnie Otte und ich

offenen Armen. Tage später fand die erste Freizeit mit Gemeindehelferinnen statt. Nach meiner doch sehr beengten Unterkunft in Quellerdünen kam ich mir im Ludwig-Kayser-Heim richtig fürstlich unterbracht vor. Von meinem geräumigen Zimmer aus konnte ich die ganze Insel überblicken. Der Raum davor war mit einem wunderschönen Kamin aus handgemalten Kacheln ausgestattet. Auch die Haustöchter genossen die Atmosphäre und waren immer dabei, wenn wir zusammen den kurzen Weg zum Strand runtergingen, um ein erfrischendes Bad im Meer zu nehmen. Oft haben wir uns schon vor dem Frühstück in die Wellen gestürzt. Einmal kam ich mit offenen Haaren und wehendem Umhang vom Strand, da stand Hein Pick, unser Strandwärter und Spiekerooger Original, am Dünenrand und rief: »Ne, man Sophie, bis du dat? Ich dach', da kummt Erzengel Gabriel persönlich ut'n Waater!«

Nach drei Jahren wurde das Gertrud-von-Hindenburg-Heim wieder Eigentum der Hannoverschen Landeskirche. 1946 war es von der Pestalozzi-Stiftung als Kindererholungsheim übernommen worden. Viele Kinder aus Großburgwedel und dem Rheinland waren dort zu Gast. Meine Schwester Debora war, wie schon mal erzählt, dort vom Leiter der Stiftung, Pastor Badenhop, als Küchenleiterin angestellt worden. Nun wurde sie nach der Rückgabe von der Landeskirche übernommen, und wir waren ab 1962 wieder zusammen. Das war für uns eine große Freude. Ab sofort regelten wir es so, daß sie in ihrer großen Küche für die Gruppen aus dem Ludwig-Kayser-Heim zu Mittag mitkochte. Über einen besonderen Pad gingen die Kinder von oben nach unten und fanden die Regelung ganz in Ordnung.

Veränderungen bahnen sich an

Leider verstarb meine gute Schwester Debora im Januar 1967. Aber wie gut war es, daß ich immer den Winter über auf dem Festland war und somit Zeit hatte, Debora zu pflegen. Als erster kam Herr Kammra,

Hauptpfleger aus dem Annastift in Hannover, mit einem Blumenstrauß und sprach sein Beileid aus. Dann Herr Dr. Bläsig, Leiter der Sonderschule im Annastift. Die behinderten Kindern aus dem Stift waren Debora ganz besonders ans Herz gewachsen. Sie waren immer im September für drei Wochen im Gertrud-von-Hindenburg-Heim. Oft kamen Schüler vorbei, die die Kinder in ihren Rollstühlen ans Wasser fuhren.

Einige Male fuhr ich im Winter mit auf die Abiturientenfreizeiten nach Mürren. Ich durfte immer eine Helferin für die Küche in das Chalet mitnehmen. Mal war es Hanna, mal Tomma, die, obwohl »Flachlandmädel«, sehr schnell und sehr gut Skilaufen lernten. Es war auch für mich eine schöne Zeit dort oben. Mit Blick auf den Eiger, den Mönch und die Jungfrau. Aber vier Wochen von der Küste weg reichten mir, dann freute ich mich auf zu Hause, fehlte mir doch der weite Blick übers Meer.

So vergingen die Jahre bis zum Herbst 1968. Eine große Wende bahnte sich an. Wie feierten wir im September den Abschiedsabend mit den Annastiftkindern! Herr Bläsig hatte die Nachbarn und den Bürgermeister Hansen eingeladen. Wie die Feier vorbei war, lud Herr Bläsig sie noch zu einem Glas Wein ein. Martin Hansen war allein. Vor einem Jahr hatte er seine Frau an Krebs verloren. Aus heiterem Himmel eröffnete mir Herr Bläsig: »Tante Sophie, Herr Hansen hat, glaub' ich, ein Auge auf Sie geworfen. Ich habe sehr wohl bemerkt, wie er Sie anschaute und Sie ansprach. Na, Tante

Sophie, das wär' doch was! Martin Hansen ist so ein symphatischer Mensch.« Ich habe darüber nur gelacht. Dann kam einige Tage später ein Brief von Herrn Hansen – ob wir uns nicht mal sehen könnten. Da war ich doch überrascht, und ich dachte: »Deine Freiheit verlieren und sich fügen müssen, nein...« Wir kauften bei Onkel Gerd Janssen, dem Lebensmittelhändler, ein. Onkel Gerd war der Schwiegervater von Martin Hansen. Und Martin Hansen verkaufte auch im Laden. Als ich am Monatsende den Laden betrat, um die Rechnungen zu bezahlen, war er allein. Da hat er mich auf das Treffen angesprochen. »Na gut«, hab' ich gesagt, »treffen wir uns im Dunkeln bei der Lesehalle.« Aber ganz so schnell ging alles nicht.

Tante Sophie stellt Bedingungen

Ich zählte Martin Hansen auf, worauf ich nicht verzichten wollte. Als erstes, daß ich in nichts zurückstekke, was meinen Glauben betrifft, daß er für mich sehr wichtig sei. Zweitens, daß ich von Hause aus gewöhnt sei, ein offenes Haus zu führen und die Besucher mit Tee zu bewirten, wie es in Ostfriesland so üblich sei.

Unsere heutige Nachbarin, Tante Erna Eimen, der Martin wohl von seinem Vorhaben erzählt hat, hat ihn immer wieder ermuntert: »Du mußt nicht locker lassen. Eine Frau will umworben sein, und ihr zwei paßt gut zusammen.«

Einmal im Winter, als Martin seine Brüder in Schleswig in Oldenburg besuchte, haben wir uns auch in Oldenburg getroffen und ein Wochenende zusammen verbracht. Da, muß ich sagen, habe ich den Entschluß gefaßt und festgestellt, daß wir doch viele Gemeinsamkeiten hatten. Wie ich dann im März 1969 wieder nach Spiekeroog kam, sind wir zusammen zu Onkel Gerd und Tante Luci, den Eltern seiner verstorbenen Frau, gegangen und haben ihnen erzählt, daß wir vorhätten zu heiraten. Am 9. Mai, genau am Geburtstag meiner Mutter, haben wir uns verlobt. Wir fanden das besser. Ich war ja im Sommer noch im Ludwig-Kayser-Heim, und da sah es besser aus, wenn nicht einfach Martin

Hochzeitsfoto vom 15. November 1969

Hansen zu Besuch kam, sondern mein Verlobter. Es gab auch Stimmen im Haus, die sagten: »Na, Tante Sophie, wenn sie man dann das Heim und uns nicht vermissen.«

Aber keine Spur! Im Gegenteil, ich habe später meinen Martin nur noch fester eingehakt, wenn wir am Heim vorbeikamen. Am 15. November 1969 haben wir dann geheiratet. Alle Freunde, Vettern, Cousinen, Minnie Otte, die Pastoren Peters und Dreher, Ida Sommer und Frau Funke waren dabei. Pastor Peters hat uns in meiner geliebten Werdumer Kirche, da wo ich getauft und konfirmiert worden bin, getraut. In Spiekeroog wollte ich das nicht, weil ich dachte, daß das doch für die Eltern der ersten Frau nicht leicht gewesen wäre. Als Trauspruch wählte ich den Vers, den mir Debora in meine Konfirmations-Bibel geschrieben hatte: »Ich will dich unterweisen und dir den Weg zeigen, den du wandeln sollst. Ich will dich mit meinen Augen leiten.« (Psalm 32, Vers 8)

Die Feier nach der Trauung richteten uns Theda und Uli in ihrem schönen Restaurant am Neuharlingersieler Hafen aus. Das war ihr Geschenk. Tomma und Kallis Söhne Kurt und Ulrich hatten Blumen gestreut. Wir feierten alle zusammen ein harmonisches und fröhliches Fest, an dem viele Gedichte und Gesänge vorgetragen wurden. Meine Mutter nahm mich in ihre Arme und sagte, wie dankbar sie sei, daß ihre Sophie nicht alleine blieb und wünschte uns alles Gute und Gottes reichsten Segen.

Tante Sophie und Herr Martin,
sie begeben sich zum Start in
die Gefilde selger Ehe.
Sie geloben Wohl und Wehe
fifty, fifty treu zu teilen,
nicht einander zu enteilen
in des Lebens buntem Treiben
stets einander treu zu bleiben.
Pfannen, die zum Braten dienen,
will man nicht mit finstren Mienen
unter Schelte, Drohen, Fauchen
und in Notwehr mißgebrauchen;
niemals auch auf diese Weisen
mit dem guten Waffeleisen,
drin man backt die Neujahrskuchen,
sich sein Recht zu wahren suchen.

Doch was heute wir erleben,
hat sich nicht von selbst ergeben.
Vorher gab es eine Zeit
mühevoller Kleinarbeit,
die Herr Hansen auf sich nahm,
ehe er zum Ziele kam.
Spiekeroogens Bürgermeister:
Parlamentsgeschick beweist er,
wie mit List er und Verstand
wirbt um Sophie Jacobs' Hand.

Onkel Martin als Bürgermeister

Zwar, es klopft sein Herz nach Noten,
wenn er Sophies blonden Knoten
leuchten sieht im Sonnenlicht,
aber nein, er sagt ihr nicht,
was im Herzen er bewegt
und darin an Wünschen hegt.
Er schreibt's auch nicht in die Zeitung,
aber durch Verwandtenleitung
dringt es an Sophiens Ohr:
»Hansen hat mit dir was vor!«
Sophie ist nicht abgeneigt,
hat es aber nicht gezeigt
doch beim Kochen, Backen, Fegen
fängt sie an zu überlegen:

»Eigentlich ist Hansens Martin
liebenswert und nett und smart in
seines Anzugs dunkler Schwärze,
wenn er grad' wie eine Kerze
sonntags durch die Straßen schreitet.
Ach, wie sich das Herz mir weitet!
Doch ist meine schöne Freiheit
mehr wert als der Ehe Zweiheit!«
Jetzt frag ich: »Was kost' die Welt –
gibt er mir auch Taschengeld?«
Solche zweifelnden Gedanken
lassen lange Zeit sie schwanken.
Hansen aber ist nicht faul,
zäumt von hinten auf den Gaul
und lädt zu zwei Flaschen Wein
Sophies Chef mit Gattin ein.

Diese wurden somit Beirat
unversehens in Sachen Heirat,
und es ist wohl jedem Klar,
daß das Hansen nützlich war.
Doch es hatte dies Erlebnis
kein sofortiges Ergebnis.
Sophie schwankte weiterhin
und blieb Jugendleiterin.
Eines Tages ging die Kunde
blitzschnell von Mund zu Munde:
Jacobs' Sophie, Hansens Martin
sind bald ein Ehepaar!

Es verstrich noch etwas Zeit,
aber heute ist's soweit,
daß die beiden ohne Grauen
lassen sich in Werdum trauen.
Auf des Lebens goldner Leiter
steigen sie nun zweisam weiter.
Herrschte Sophie sonst voll Tugend
über sehr viel Freizeitjugend,
ist ab jetzt nur einer dran.
Martin Hansen, Sophies Mann,
der mit Fassung und mit Würde
trägt er Insel Last und Bürde,
nimmt auf sich, froh und gefaßt
auch noch Sophies süße Last.

Und so scharen wir uns alle,
wie es Brauch in solchem Falle,
um Sophie und Hansen (Rum) rum
als das Hochzeitspublikum.
Doch im Geist sind um uns Scharen,
die im Haus der Jugend waren,
und es wünschen Helmut, Hans,
Karl, Fritz, August, Wilhelm, Franz,
Christa, Minnie und Maria ihr Martini, ihm Sophia.

Ein nächtlicher Blick auf die Hochzeiter

Unsere Hochzeitsnacht verbrachten wir in meinem Elternhaus. Sehr praktisch, brauchten wir doch nur ein paar Schritte um die Kurve zu gehen und waren schon da. Wie wir glücklich und zufrieden da in unseren Betten lagen, öffnete sich die Tür, und Willi, Hermanus' Sohn, schaute um die Ecke. »Ik mut doch eben kiken, of se ook good liegen!« Echt Willi. Am nächsten Tag sind wir mit Karl, Martins Bruder, und seiner Frau Dora nach Schleswig gefahren und haben dann unsere Hochzeitsreise nach Dänemark und Schweden fortgesetzt. Wie haben wir diese Fahrt genossen! Nach 14 Tagen kamen wir dann in Spiekeroog samt unserem großen Container mit den Geschenken an und wurden vom Spiekerooger Musikverein in Empfang genommen. Wir waren ganz gerührt. Beim Leiter vom Musikverein, Onkel Gerd, wurde dann gleich weitergefeiert. Wie gut, daß der Winter kam, so konnte ich im Haus »Osterloog«, Ecke Lüttpad – Süderloog, alles für den Sommer vorbereiten. Wir hatten uns inzwischen überlegt, daß ich die Vermietung der Zimmer nicht nur mit Frühstück, sondern auch mit warmem Abendbrot, also als Halbpension, weiterführen wollte. Das brachte mehr ein, denn es mußten auch noch die Schulden vom Haus getilgt werden. Auch im Haus selbst haben wir noch einiges verändert, so daß wir 20 Gäste aufnehmen konnten. Unsere Gäste mochten das gerne so, konnten sie doch auf diese Weise den Tag über an den Strand gehen, brauchten sich um nichts zu sorgen und hatten am Abend ihr geregeltes Essen. Klar, daß viele Bekannte von früher kamen. Die Anfragen bei Tante Sophie und »Onkel Martin«, so war er bald in aller Munde, konnten nicht immer befriedigt werden. Im Frühjahr und Herbst hatten wir meist die ältere Generation zu Gast, in den Schulferien meist Familien mit Kindern. Alle fühlten sich bei uns wie eine große Familie, und so kam es nicht selten vor, daß bei der Abreise schon wieder für das nächste Jahr gebucht wurde. Es entstanden in den Jahren richtige Freundschaften, die zum Teil noch bis heute bestehen.

Ein neues Haus entsteht

Die Arbeit im Haus und mit den Gästen hat mir viel Freude gemacht. Ich muß schon sagen, daß mir mein Mann Martin immer eine große Hilfe war. Leider verschlimmerten sich meine Schmerzen im rechten Knie. Mit der Zeit verkrümmte sich das ganze rechte Bein. Martins Idee war es nun, daß wir das Haus verkaufen und den Pensionsbetrieb aufgeben und dafür im angrenzenden großen Garten am Lüttpad ein kleines Häuschen für uns zwei bauen könnten. Für wen sollten wir uns auch kaputt machen! Kinder hatten wir ja nicht!

Also wurden Nägel mit Köpfen gemacht. Als Martin bei Heini Casens zum Geburtstag war, erzählte er

Haus Osterloog, Lüttpad 2

von unserem Vorhaben. Alle Gäste waren entsetzt. Doch wir sahen das anders. Wir fanden einen guten Baumeister aus Felde bei Wiesmoor, der schon viele Fertighäuser gebaut hatte, und da haben wir uns eins angesehen und waren begeistert. Doch zuerst mußte unser altes verkauft werden. Wir nahmen uns vor, es nur einem Insulaner zu geben. Das glückte. In unserem Nachbarn Onke Einem fanden wir einen Käufer. Die alten Schulden zahlten wir ganz ab und finanzierten dann das neue Haus, unseren gemütlichen Alterssitz.

Nun hatten wir unsere Bequemlichkeit und es viel ruhiger, aber damit waren die Schmerzen im Knie noch nicht verschwunden. Im Februar 1979 ließ ich es in Debsted bei Bremerhaven vom Facharzt untersuchen und bekam ein neues Knie, eine sogenannte Schlittenprothese, eingesetzt. Die hat bis heute, immerhin über 20 Jahre lang, tadellos gehalten.

Oben in unserem Haus hatten wir eine kleine Wohnung mit Küche und allem Drum und Dran eingerichtet, damit noch unsere Verwandten und Freunde zu uns kommen konnten. Martin vertrat mit Nachdruck die Ansicht, daß sie gerne da oben wohnen könnten, sie sich aber selbst verpflegen müßten. Natürlich sollten sie zum Tee und auch mal zum Fischessen zu uns runter kommen. So haben wir es dann auch gehalten.

Es treibt uns in die Ferne

Jetzt hatten wir auch endlich Zeit zum Reisen, sogar im Sommer, was sonst für einen Insulaner undenkbar war. Martin mochte nicht fliegen, also verlegten wir uns auf Busreisen. Erst mal in Deutschland, dann aber auch nach England, wo Martin in Kriegsgefangenschaft gewesen war. Über Schottland, Dänemark, Moskau, Finnland ging es zurück. Wir haben viel im Norden gesehen. Der Süden lag uns nicht.

Ein anderes Kapitel waren die Seniorenreisen. Pastor Berend Rauterberg hatte sie für die Inselsenioren ins Leben gerufen. Das war besonders schön, weil die ältere Generation kaum je in ihrem Leben von der Insel runtergekommen war. Es fing mit einer Reise nach Oslo an, dann Kopenhagen, aber auch nach Wien und

Maria- Laach. Alles war jeweils für die 20 bis 30 Senioren gut durchorganisiert. Wir hatten immer viel Spaß, und alle haben diese Seniorenfreizeiten stets dankbar angenommen. Lange zehrten wir davon und kamen in unseren monatlichen Treffen im Gemeindehaus oft genug darauf zu sprechen. Bei Tee und Kuchen schwelgten wir dann in den Erinnerungen, die uns Pastor Rauterberg mit seinen Dias noch einmal lebendig vorführte. Viele der Mitfahrenden sind inzwischen verstorben, und der Nachwuchs fühlt sich für Seniorenreisen noch nicht alt genug. Jetzt erfreuen sich die Tagesfahrten mit Pastor Breithaupt, dem Nachfolger Rauterbergs, auch großer Beliebtheit.

Aus Rauterbergs Zeit wurde auch das Insulaner-Gemeindefest am 1. Advent beibehalten. Es fand mit Basar und dem Posaunenchor in der großen Inselhalle statt.

Mehrmals im Jahr tritt der Posaunenchor in der Kirche auf, so zum Beispiel zum Erntedankfest. Alle 75jährigen und Ältere bekommen zu ihrem Geburtstag ein Ständchen. Im Sommer verstärken manchmal Kurgäste den Chor. Schon fast als Einheimischer, weil im Süderloog das Haus der Familie steht, bläst auch immer wieder Pastor Badenhop mit der Posaune mit. Ansonsten hat der Chor schon Nachwuchsschwierigkeiten. Die meisten der jungen Leute verlassen Spiekeroog.

Martin wurde von vielen liebevoll »Onkel Martin« genannt. Obwohl nicht Insulaner, sondern in Schleswig geboren, später aber »eingemeindet«, gewann er das Vertrauen der Leute und übernahm 1961 das Amt des Standesbeamten, das er von 1969 an bis Ende 1983 noch weiter ehrenamtlich ausübte.

Von 1952 bis 1969 gehörte er dem Gemeinderat an, dessen Bürgermeister er von 1961 bis 1969 war. Bis wir in unser neues Haus zogen, traute er die Paare im kleinen Gemeindebüro im Norderloog.

So viel schöner wurde es aber, als wir uns entschlossen, dafür unser Wohnzimmer zur Verfügung zu stellen. Ich dekorierte dann alles mit frischen Blumen, und dann konnte der sehr feierliche Akt, der bei uns eine ganz persönliche Note erhielt, stattfinden. Ihm folgte noch ein fröhlicher Umtrunk. Meistens gab es Tee und »Ehestandskuchen«. Das sind kleine etwas härtere Kuchen mit zwei Stückchen Sukkade obendrauf. »Sie sind ein bißchen hart, aber auch süß, wie es eben in der Ehe vorkommt.«

Am 2. Februar 1979 hielt Onkel Martin seine 100. Trauung. Was bisher bestimmt noch nicht geschehen war, das war der Marsch von sechs Hochzeitsgästen von Neuharlingersiel nach Spiekeroog übers Watt. Wattführer Karl Warenski leitete sie sicher die 14 Kilometer lange Strecke bis ins Haus Hansen. Mit einem kräftigen Schluck wärmten wir sie alle auf. Dann konnte die Trauung losgehen.

Damals war Martin wohl der einzige ehrenamtliche Standesbeamte und auch der älteste im ganzen Landkreis Friesland. Er war stets zu sprechen und setzte nie Dienststunden an. »Ich bin immer für jeden da, wenn es darauf ankommt, auch in der Nacht.« Das 100. Paar war das 77. Insulanerpaar Röben/Thienemann. Die anderen waren Festländer. Insgesamt traute Martin 152 Paare.

Abschied von Onkel Martin

Im Frühjahr 1983 hatte Martin für uns eine Reise nach Norwegen gebucht. Wir freuten uns schon darauf, aber leider ging es ihm gar nicht gut. Er unterzog sich einer

Ein Reisebild von Martin und mir

gründlichen Untersuchung und bestand darauf, in meinem Dabeisein das volle Ergebnis zu hören. Das lautete erschreckenderweise: Leberkrebs. In der Zeit standen uns unsere guten Freunde Hartmut, Gertrud und Mechthild Badenhop hilfreich zur Seite. Sie meinten, wir sollten doch alles nur Mögliche unternehmen und in der Medizinischen Hochschule in Hannover einen bekannten Krebsspezialisten aufsuchen. Aber leider lautete seine Diagnose nach zehn Tagen auch nicht anders. Ich fragte, ob wir nicht mit dem Hubschrauber nach Spiekeroog zurückkehren könnten. Martin flog ja nun überhaupt nicht gern, aber ich sagte, daß, wenn wir abstürzen würden, wir doch zusammen wären. Da hat er eingewilligt.

Es war unsere letzte gemeinsame Reise. Zu Hause hatten die Nachbarn schon alles hergerichtet. Ein besonderes Krankenbett stand bereit, und Martin konnte in jeder Weise gut geholfen werden. Jeden Tag kam unser Inselarzt Dr. Kröger vorbei. »Martin trägt seine Krankheit sehr tapfer«, sagte er mir. In den schwärzesten Stunden tröstete er mich sogar und erinnerte mich: »Wie wir geheiratet haben, sagten wir, wenn wir noch zehn gemeinsame Jahre haben, wollen wir dankbar sein. Nun sind es fast 15 Jahre, die so schön und reich waren, und für die ich so dankbar bin.« Zur Stärkung unseres Glaubens wünschte sich Martin, daß wir mit Hermanus und Lisa gemeinsam das Abendmahl feiern dürften. Pastor Rauterberg stellte die Feier bei uns im Haus unter das Wort »Fürchte dich nicht, ich habe dich erlöst. Ich habe dich bei deinem Namen gerufen, Du bist mein.« Am 26. Juli ist Martin in meinen Armen eingeschlafen. Dann waren es wieder die guten Nachbarn, die alles in die Hand nahmen. Badenhops rieten uns, die Trauerfeier in der großen Kirche stattfinden zu lassen. Und wie recht hatten sie, denn es nahmen sehr, sehr viele von ihm Abschied. Auf Martins Wunsch sprach Pastor Rauterberg über die rotangestrichenen Verse in seinem neuen Testament, die er während der Kriegsgefangenschaft in England markiert hatte. Verse aus dem 4. Psalm, dem Kolosserbrief und dem Johannesevangelium. Als Lieder sangen wir »In dir ist Freude« und »Befiehl du deine Wege«. Schon vorher hatte er statt der Kränze um Spenden für hungernde Kinder im Rahmen der Aktion »Brot für die Welt« gebeten. Es kamen über 4.000 DM zusammen.

Aquarellmalerei am Deich

Nun war ich also allein. Nur wer selbst einen lieben Menschen verloren hat, kann ermessen, wie schwer das ist. Doch so allein blieb ich nicht, denn es kamen immer weiter und mehr liebe Menschen in unser Haus. Ein besonderes Vermächtnis hatte ich zum letzten Weihnachtsfest von Martin erhalten. Auf dem Gabentisch legte er Aquarellfarben, Zeichenblöcke und Pinsel. »Dein Vater konnte gut malen, dein Freund Otto Fisser auch, jetzt solltest du das mal probieren.« Ich tat das nur allzugern, nachdem ich sogar noch mit Frau Klasing einen Aquarellkurs besucht und festgestellt hatte, daß es mir nicht nur Freude machte, sondern auch gelang. Von Stund' an wurde unser Wintergarten, die sogenannte Sonnenstube, zum Atelier. Es kamen und kommen sogar Leute, die ein Aquarell von Tante Sophie haben möchten. Guten Freunden und Bekannten schenke ich gern eins meiner Bilder. Selbst auf dem Spiekerooger Dorffest wurden sie schon verkauft, aber das mochte ich persönlich nicht gerne tun. Da taten es dann Freunde für mich, die mich aber tüchtig überreden mußten. Am liebsten sitze ich im Freien und male nach der Natur, aber dann stört es mich doch wieder, wenn die Menschen zu nahe kommen und mir immer in das Bild gucken.

Begegnungen mit Johannes Rau und anderen Prominenten

Irgendwie ergab es sich immer, daß wir auf unserer Insel berühmte Gäste hatten und wir sie persönlich kennenlernten. Die Familie Delius kam in den Ferien mit den Kindern von Bielefeld nach Spiekeroog. Der Vater von Frau Delius, der damalige Bundespräsident Gustav Heinemann, war auch öfter dabei. Inzwischen hatte sich die Familie hoch auf der Düne im Norderpad 12 ein Haus gebaut. Gustav Heinemann traf ich öfter morgens als einen der ersten im Schwimmbad, und wir welchselten so manches Wort. In den 90er Jahren beehrte der nächste Bundespräsident unsere Insel. Es war Richard von Weizsäcker, der »gut versteckt«, wie es eine Zeitung schrieb, im Haus Klasing wohnte. Als höchstes Haus der Insel eignete es sicher besonders gut für unseren höchsten Staatsmann. Er hatte sich aber wie jeder andere auch einen Strandkorb gemietet und ging sonntags gern in die Kirche. Als ich eines Tages mit meiner Nichte Tomma ostfriesische Neujahrskuchen backte, hatte ich die Idee, daß Richard von Weizsäcker die mit seiner Frau auch mal gerne essen würde. Also schickte ich Ulrich, Tommas Sohn, mit einer Trommel Kuchen nach oben und schärfte ihm ein, ja nicht den Bundespräsidenten zu belästigen, sondern sie nur fix Frau Klasing auszuhändigen und dann wieder zu verschwinden. Zwei Tage später lag plötzlich ein Brief im vorderen Hausflur, wir schlossen ja nie ab. Es war ein Brief Weizsäckers. Wieder zwei Tage später trafen wir uns zufällig unterwegs, und da haben wir sehr nett miteinander geklönt. Beide fanden die Neujahrskuchen sehr lecker, und von da an schickte ich ihnen immer im Januar ein Päckchen mit den Kuchen. Vor einiger Zeit sandte er mir außer einem Dankbrief auch sein Buch mit einer persönlichen Widmung zu. Übrigens machte auch Bundespräsident Karstens Urlaub auf Spiekeroog, aber ihm bin ich nicht über den Weg gelaufen.

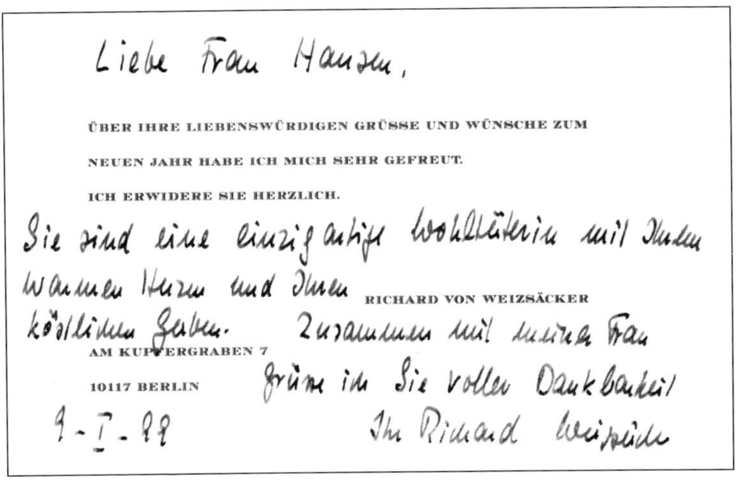

Liebe Frau Hansen,

ÜBER IHRE LIEBENSWÜRDIGEN GRÜSSE UND WÜNSCHE ZUM NEUEN JAHR HABE ICH MICH SEHR GEFREUT.

ICH ERWIDERE SIE HERZLICH.

Sie sind eine einzigartige Wohltäterin mit Ihrem warmen Herzen und Ihren köstlichen Gaben. Zusammen mit meiner Frau grüße ich Sie voller Dankbarkeit

RICHARD VON WEIZSÄCKER

AM KUPFERGRABEN 7

10117 BERLIN

9 - I - 99

Ihr Richard Weizsäcker

Am intensivsten sollte sich die Bekanntschaft zur Familie Christina und Johannes Rau gestalten. Es wäre für Martin die Krönung gewesen, sie auf Spiekeroog standesamtlich zu trauen. Doch die Eheschließung ließ das Paar still und leise am 9. August 1982 in London beurkunden. Christina ist 25 Jahre jünger. Dazu sagt der langjährige Junggeselle Rau dann oft: »Ich konnte

Hartmut Badenhop mit Sohn und mir am Hafen

erst mit 51 Jahren heiraten, weil doch meine Frau so spät geboren wurde.« Die kirchliche Trauung fand am 22. August mit Pastor Rauterberg in unserer Spiekerooger Sommerkirche statt. Nach einem ganz normalen Sonntagsgottesdienst.

Johannes Rau, er kennt wirklich Gott und die Welt, ist auch mit Hartmut Badenhop befreundet. Über ihn kam ich dann auch zur Bekanntschaft mit dem damaligen Ministerpräsidenten von Nordrhein-Westfalen persönlich. Eines Tages ging meine Tür auf, Hartmut Badenhop mit Johannes Rau und Frau an seiner Seite kamen herein, und ich lud sie ganz einfach mal eben so zum Tee ein. Das muß schon 1982 gewesen sein. Im nächsten Jahr brachte er zu einer neuen »Teetied« sein Buch »Lebensbilder« mit. Später gesellte sich noch das Buch »Johannes Rau«, geschrieben von Werner Filmer und Heribert Schwan dazu. Jedesmal mit Widmung. »Für Tante Sophie in herzlicher Verbundenheit. Johannes Rau« In den Osterferien 1998 schaute Rau auf dem Rückweg vom Frisör bei mir rein. Seine Frau kam auch dazu, und wir hatten eine etwas längere Teetied. Wir kramten in Erinnerungen der evangelischen Jugendarbeit, und siehe da, Rau kennt viele der Größen unserer Landeskirche. Ernst Lange, verschiedene Landesjugendpastoren, Heinrich Karsch und Adolf Meßelken von der Christlichen Pfadfinderschaft und natürlich viele, viele mehr, besonders vom Schülerbibelkreis, dem er selber angehörte. Übrigens hat er alle Kirchentage besucht und mitgestaltet.

Ein Jahr später waren Raus wieder zu Besuch. Sie brachten ein befreundetes Ehepaar aus Bayern mit. Sie wollten doch mal so eine richtige Ostfriesin kennenlernen. Die Osterferien gingen für Raus und seine Freunde schon zu Ende. Sie hatten lustige Stunden

Christina und Johannes Rau vor meinem Haus

Johannes Rau in meiner Sonnenstube

miteinander verlebt. »Auch erholsam«, wie Rau sagte. Zwei Abende zuvor waren Hartmut Badenhop und seine Frau mit mir in der Dünenklause gewesen. Rau und seine Freunde gesellten sich zu uns. Ein Witz jagte den anderen. An Kirchenwitzen mangelte es Rau selbstverständlich auch nicht. »Wie man denn am besten Fledermäuse aus der Kirche vertriebe.« Der eine Pastor empfahl: »Du mußt sie einfangen und weit weg aussetzen.« Aber der erfahrenste verriet: »Ich habe sie getauft und konfirmiert, danach waren sie für immer verschwunden.« Johannes Rau sah schon mit Freude dem nächsten Kirchentag in Stuttgart entgegen. Er sei wieder dabei und werde den Tag in Gedenken an den verstorbenen Ernst Lange mitgestalten.

Die nun näherrückende Wahl zum Bundespräsidenten war zu Ostern überall das Gesprächsthema Nummer eins. Rau reagierte darauf ganz gelassen: »Das ist jetzt wirklich meine letzte Berufsfindungsphase.« Anderntags saß er inmitten einer Reihe von Jugendlichen am Hafen, die wie er auf die Abfahrt des Schiffes warteten. Mit Kindern, Frau und Hund und einigen fast unsichtbaren Sicherheitsbeamten bestieg er dann das Schiff. Ich war mir sicher: Das nächste Mal kommt er zum Luftholen als Bundespräsident nach Spiekeroog zurück. Und genau so wurde es.

Ich pflege Freunde und Blumen gleichermaßen

Ruth Hofmann, eine langjährige gute Freundin aus Hannover, versetzte sich im Juni 1990 anläßlich meines 70. Geburtstages in die Rolle unseres Hauses am Lüttpad 4 und ließ es in einem Brief an mich sprechen. Dabei ging es dann auch um die vielen Gäste.

»Liebe Sophie, Du hast Dich nach Martins Tod nie abgekapselt und uns beide nie für andere verschlossen. Immer bist Du bereit, die unterschiedlichsten Menschen zu empfangen. Und wer da alles ankommt und bei mir ein- und ausgeht. Da sind schon recht merkwürdige Gestalten darunter. Allein davon könnte ich tagelang erzählen. Nicht nur Nachbarn, Verwandte und Freunde kommen, sondern auch junge und alte Menschen, Kinder, Künstler, Politiker, Nichtseßhafte, Superintendenten, Kranke, Lebensmüde und wer sonst noch Probleme hat.

Ich beobachte sie, wie sie ankommen: Manche in freudiger Erwartung, andere traurig, zerknittert und von Problemen gezeichnet. Doch fast alle gehen sie gelassener und zuversichtlicher aus dem Haus. Wie heißt bloß Dein Rezept, liebe Sophie?

Deine Küchenkünste und Kochkünste sind ja im In- und Ausland bekannt und bis heute unübertroffen. Wie aber heißt Dein Lebensrezept, das selbst bei den schrulligsten Menschen noch Erfolg hat? Viele Psychologen könnten sich das teure Studium ersparen, wenn sie Deine Rezepte wüßten. Ist vielleicht das Dein Rezept, ich hörte es Dich neulich in meinen Mauern singen:

›Das will ich mir schreiben in Herz und Sinn,
daß ich nicht für mich nur auf Erden bin,
daß ich die Liebe, von der ich leb',
liebend an andere weitergeb'.‹

Ich empfehle allen Deinen Besuchern einmal selbst dieses Rezept auszuprobieren. Dann hätten wir beide es etwas ruhiger und unsere Abnutzungserscheinungen würden sich in Grenzen halten.«

Soweit also meine Freundin.

Ich kann auch fast zehn Jahre später dem nichts weiter hinzufügen. Meiner Gastfreundschaft bin ich selbstverständlich treu geblieben. Niemals möchte ich auf meine vertraute Mittwochsmorgen-Teetied-Runde verzichten, und auch nicht auf die unverhofften Teebesucher. Auch das Gespräch am Telefon liebe ich trotz der Tatsache, daß es da auch mal nervige Anrufer gibt, denn so halte ich problemlos mit allen Lieben, auch in der weiteren Umgebung, regen Austausch. Am Ende heißt es bei allen: »Tschüss und hol di munter!«